엄마, 아빠!
저좀 잘 키워주세요

엄마, 아빠!
저좀 잘 키워주세요

정삼숙 지음

나침반

해피맘 강의를 하면서 웃고 울었던 주제들!

제 아내가 사람들로부터 받는 끊임없는 도전과 질문은 "사모님, 어떻게 그렇게 두 자녀를 잘 키우셨어요?"였습니다. 사람들은 방법을 알고 싶어 했습니다. 그리고 그것이 수학 공식이라도 되는 것처럼 빨리 배워서 써 먹고 싶어 합니다. 그러나 애석하게도 자녀를 잘 키우는 공식은 없습니다. 단지 제 아내는 원초적인 복음 안에서 성향이 너무도 다른 두 아이를 똑같은 열매로 만들었을 뿐입니다.

다른 엄마들의 이야기를 듣는 대신 성경에서 해답을 찾아 단지 신앙 인격을 바로 세우는 일에만 올인을 했습니다.

단순한 사람! 이것이 아내의 별명입니다.

이 책은 그 단순한 사람이 고민하면서 극동방송을 통해 방송하며 쓴 책으로 그동안 표현은 하지 않았지만 자신의 내면의 고민을 구체적으로 풀어 놓은 이야기 보따리 같은 것입니다. 각 주제는 실제 해피맘 강의를 하면서 웃고 울었던 주제들이구요….

참 단순한 사람이 마음 깊은 곳의 고민을 털어놓고 함께 도전하기를 바라며 쓴 이 책이 많은 부모들에게 소중한 생수가 되었으면 좋겠습니다.

발행인의 요청에 의해 / 아내 정삼숙을 신랑으로서 바라보며...
- 장학봉 목사

1

소통

소통지수 체크 리스트

아래 질문에 「매우 그렇다」면 ( )안에 10을, 「매우 그렇지 않다」면 0을 표시하되, 그 사이는 본인이 적당한 점수를 쓰십시오.

01	하루 중 가족이 다 같이 식사를 하는 시간이 있다.	
02	한달에 2,3번 온 가족이 함께 하는 일정이 있다.	
03	자녀의 꿈과 진로가 무엇인지 상세히 알고 있다.	
04	자녀와의 대화가 편하고 길게 이어지는 편이다.	
05	돌발행동으로 문제를 일으킨 적이 없다.	
06	학교생활에 대한 이야기를 스스럼없이 한다.	
07	자녀의 사생활을 존중해주는 편이다.	
08	자녀 앞에서 부부간의 소통의 모습을 보여주는 편이다.	
09	자녀와의 대화중에 언성을 높이지 않으려고 노력한다.	
10	자녀의 생각이 타당하면 내 생각을 바꾸기도 한다.	
※ 위에 기록한 점수를 합산하십시오. 그 점수가 소통지수(%)일 수 있으나, 정확한 것은 아니니 참고만 해 주십시오.		

별무리 학교는 산골에 있는 기숙학교입니다.

'하나님의 형상이 정체성임을 깨닫게 하는 곳'을 교육의 목표로 삼고 있습니다.

일반 기숙학교는 대학 진학을 목표로 무섭게 공부를 시키기 위해서 산골에 있지만 이 학교는 '관계'와 '소통'을 가르치는 곳입니다. 관계와 소통을 제대로 할 줄 알 때 자기 정체성을 찾고, 삶의 목표를 찾고, 스스로 동기부여를 해서 성장하기 때문입니다. 그리고 그럴 때 정말로 행복한 인생을 살고 하나님이 주신 목표를 찾을 수 있기에, 이 학교에 들어갈 때는 핸드폰, 게임기, mp3등등 모든 것들을 내려놓고 들어가야 합니다. 그런 곳에서 자연과 함께 하며 서로 관계하다 보면 사람과 사람 사이에 진정한 소통을 하게 되는데... 그러면서 아이들은 교사들에게 부모님에게도 하지 못하는 고민을 털어놓고 조언을 구하는 변화가 일어납니다.

주중에 학교 수업이 선생님과 함께 하며 노는 것이다 보니 무척 친해지며 소통이 되고 관계가 이어집니다. 그런데 이런 과정을 통해서 아이들이 스스로 공부를 하고 꿈을 갖습니다. 꿈이 없고, 반항하고, 아무리 잔소리를 해도 문제를 일으키는 것은 모두 아이들이 마음속에 있는 생각들이 소통이 되지 않기 때문입니다.

이곳에는 공부를 굉장히 잘하는 목사님 아들이 온 적이 있다고 합니다. 겉보기에는 모범생에 성적도 우수했습니다. 처음에는 왜 이곳에 부모님이 보냈는지 이해가 안됐을 정도였습니다. 그런데 '욱'하면 완전히 다른 사람이 됐습니다. 선생님들이 달려들어도 못 말릴 만큼 한 번 폭발하면 완전 망나니가 됐습니다. 나중에 부모님을 모셔 함께 상담을 해보니 목사님 아들로 자랐던 성장 과정이 문제라는 것을 알게 되었습니다.

"목사 아들이니까, 너는 이렇게 살아야 돼!"

이 한 마디가 아이의 마음을 억압해 겉보기엔 얌전하지만 속은 썩어 들어가게 만들었던 것입니다. 다행히 목사님인 아버지는 자신의 잘못을 인정했고, 아이와 옳은 방법으로 다시 소통을 하길 원했습니다. 이미 아버지로 인해 생긴 상처는 다시 아버지로 인해 아물기가 쉽지는 않았지만 아버지의 꾸준한 노력으로 이들 부자의 관계는 완전히 회복되고, 오히려 더욱 돈독해졌습니다.

일반성도의 가정에서도 "너는 교회에 나가니까...", "너는 크리스천이니까..."라고 억압한다면 겉과 속이 다른 아이가 될 수 있습니다.

저도 교회의 사모로, 두 아이를 둔 엄마로, 아이를 가르치던 선생님의 입장으로 이런 상황에 처한 아이들을 참으로 많이 만났습니다. 부모와 선생님들이 두손 두발 다 들고 포기한 아이들이지만 그런 아이들과도 소통만 제대로 된다면 모든 문제들이 해결되고 완전히 다른 사람으로, 그것도 스스로 변해가는 모습을 저는 너무나도 많이 봤습니다. 일반적으로 부모와 자녀간의 소통도 문제지만 제가 보기에는 대부분 아빠들이 조금 더 자녀들과 소통이 안 되고 있는 경우가 많습니다.

최근에 해외에서 큰 인기를 끌었던 이런 유머도 있습니다.
- 아이들이 엄마에게 하는 대화나 질문
"엄마, 배고파!", "엄마, 용돈 좀!", "엄마, 내일 일찍 깨워줘!", "엄마, 친구랑 좀 놀다올게.", "엄마, 언제와?", "엄마, 숙제 좀 도와줘.", "엄마, 우리 어디 놀러 가면 안 돼?", 기타 등등...
- 아이들이 아빠에게 하는 대화나 질문
딱! 한마디 - "아빠, 엄마 어딨어?"

국내의 한 코미디 프로그램에서도 이 유머를 인용하면서 많이 알려졌는데, 재밌는 듯하면서도 한 편으로는 자녀들이 엄마에비해서 아빠와의 소통이 얼마나 되지 않고 있는지 보여주는 단면이라 내심 쓸쓸하기도 합니다.

또 최근에는 "아빠, 어디가?"라는 프로그램을 통해 아이들과 많이 놀아주지 못하고 감정도 제대로 표현하지 못했던 아빠들이 함께 하루를 보내면서 서서히 변하는 모습을 보여주며 많은 부모들의 공감을 이끌어 냈습니다.

그러나 소통의 문제는 부모와 자식 모두 간의 문제입니다. 엄마에 비해 아빠가 소통이 잘 안될 수도 있고, 부모는 노력하는데 자식이 시큰둥할 수도 있습니다. 하지만 어떤 경우든 간에 결코 이 소통의 노력을 포기해서는 안 됩니다.

가정문제 전문가인 미국 네브라스카 주립대학의 스티네트 박사는 현대 미국가정의 문제점들을 분석 연구해 **건강한 가정의 6가지 특징**을 다음과 같이 정리해 발표했습니다.

1. 가족들이 서로에게 고마움과 감사를 자주 표현한다.
2. 서로를 위한 적당한 희생을 개의치 않는다.
3. 사소한 일도 의견을 교환하는 잦은 대화가 있다.
4. 가족단위의 잦은 여행과 모임이 있다.
5. 종교적 공감대가 있고 이타적인 정신을 공유한다.
6. 집안이 어려운 상황에 처해도 불평하지 않는다.

위 조건을 살펴보면 결국 건강하고 행복한 가정의 중요한 요소는 소통이라는 걸 알 수 있습니다. 서로 대화가 통해야 마음이 통하고, 소통이 원활할 때 가족 모두가 함께하는 시간이 많아지고 하나가 되어 위기를 극복할 힘이 있는 튼튼한 가정이 됩니다. 그러나 우리나라의 현실은 이런 가정과는 점점 거리가 멀어지고 있습니다.

국내 한 방송사의 조사에 의하면 우리나라의 가정에서 부모와 자녀가 가장 많이 하는 대화는 "밥 먹어라", "숙제 했냐?", "학교 다녀오겠습니다, 학교 다녀왔습니다"이며 평균 대화 시간은 7분이라고 합니다.

대화가 이렇게 단절되면 가정에서 많은 문제가 생깁니다. 자녀가 소위 '꼴통'으로 태어나 '문제아'가 되는 것이 아니라 '명품'으로 태어났지만 소통 대신 불통이라는 '문제'가 생긴 것이 원인이되어 '꼴통'이 될 수도 있습니다.

제가 실제로 많은 집회와 강의를 다니면서, 또 일선에서 학부모와 학생들을 만나서 상담할 때 가장 많이 받은 질문이 소통이었습니다.

"사모님, 우리 집 애들하고 도무지 말이 안통해요."

"사모님, 부모님은 제 말을 들으려고도 안 해요."

많은 부모들이 자녀와의 소통에 어려움을 느꼈고, 자녀들 역시마찬가지였습니다. 부모, 특히 엄마들이 자녀와 소통이 잘 안되면 온 가족이 어려움을 겪습니다. 자녀와의 소통으로 큰 어려움을 겪는 엄마들을 제가 봤을 때는 대부분 이로 인해 자녀들의 탈선과 같은 문제가 일어나 온가족이 어려움을 겪고, 결국 개인의신앙에까지 영향을 미치는 경우가 많았습니다. 특히 사춘기에 있는 자녀들을 둔 부모들은 더욱 소통에 어려움을 느끼고 있는데, 가족의 원만한 관계에 있어서도 가장 중요한 것중 하나가 소통입니다.

자녀의 올바른 미래를 위해서도 중요한 것이 소통이기 때문에어렵다고 절대로 포기해선 안 되며 대화와 신앙을 기반으로 풀어나가야 하는 것이 바로 소통입니다.

소통의 정의

소통(疏通)은 한자어 그대로 풀이를 하면 '막히는 게 없이 잘 통함', '뜻이 통해 오해가 없음'이라는 뜻입니다.

오늘날 우리 사회에서 부모와 자녀들이 가장 큰 어려움을 겪고 있는 것은 바로 소통인데 단어의 뜻을 그대로 적용하면 오늘날 많은 부모와 자녀들 사이에 오해가 자리하고 있고, 뜻이 잘 통하지 않고 막혀 있다는 말이 됩니다. 혈관이 막혀서 피가 안 통하면 동맥경화가 와서 사람이 쓰러지듯이 사회와 가정 곳곳에도 이런 소통이 잘 이루어지지 않으면 여러 가지 문제가 생기고 결국 집단과 가정의 파괴라는 일어나선 안 될 일들이 일어나게 됩니다.

그러나 소통이 되면 오해가 없어지고 서로의 마음이 통합니다. 부모와 자녀간의 소통이 원활하면 부모는 자녀를 기다리고 이해하며 하나님이 주신 비전을 성취하는 데에 큰 힘을 주는 조력자가 되고, 자녀는 부모님의 말씀과 교훈을 경청하며 인생의 좋은 스승이자 친구로 여기게 됩니다. 그러나 소통이 원활하지 않으면 부모는 자녀를 말 안 듣는 천덕꾸러기로, 자녀는 부모를 잔소리와 간섭만 하는 사람으로 여기게 됩니다.

여기서 한 가지 더 중요한 것은 소통은 일방통행이 아닌 양방통행이며, 명령이 아닌 대화와 경청이라는 것입니다. 소통의 영어단어인 'Communication'의 'Com'은 '함께'라는 뜻입니다. 소통의 시작은 '부모'가 아닌 '부모와 자녀'에서 시작된다는 것을 깨닫는 것이 바른 소통의 첫걸음입니다. 자녀가 세상적 표현으로 꼴통에 망나니인 문제아가 되는 것은 혼자서 스스로 되는 것이 아니라 반드시 문제 부모가 있기 때문인데 그 해결의 첫걸음이 바로 소통입니다. 문제아의 문제는 결코 자녀 혼자서 해결될 수 없습니다. 언제나 부모가 함께 해야 해결됩니다.

　제가 예전에 만났던 학생 중에 가출을 밥 먹듯이 하고 수능 시험지를 백지로 낸 심한 문제아가 있었습니다. 그 학생을 아는 사람들은 그냥 망나니도 아니고 왕망나니라고 부를 정도로 정도가 심했습니다. 심지어 부모님이 목사님임에도 이런 생활을 하다 보니 성도들이 목사님 가정의 모습을 보고 상처를 받아 교회를 많이 떠났을 정도로 본인은 물론 부모님에게도 해서는 안 될 실수를 하고 있었습니다.

　그렇게 말썽을 피우던 아이가 어쩌다 부모님 손에 거의 강제로 이끌려 저한테 피아노 레슨을 받게 되었습니다. 피아노 레슨을 시키면서 저는 아이와 대화로 차차 풀어가려고 했고 시간이 지날수록 대화가 길어지며 서로의 속마음을 나눌 정도가 되었습니다. 아이는 단지 저와 대화만 나누었는데 자신의 어려움이 해결되었다고 느껴 오랜 탈선생활을 청산하고 다시 목회자 자녀인 자신의 자리로 돌아갔습니다. 그 과정을 통해 아이도 살았지만, 가정도 살고, 교회도 살았습니다.

　나중에는 피아노 전공으로 자신의 꿈을 정해 유학까지 갈 정도로 잘 됐고, 한때 심한 문제아였고 모두가 왕망나니로 부르던 목사님의 자녀가 새사람이 되어 돌아오자 교회에도 좋은 본보기가 되어 많은 성도들이 목사님을 자랑스러워했습니다.

물론 자녀가 처음 잘못된 길을 걸을 때도 부모님은 대화를 시도했으나 목회자인 부모님의 입장에서는 아이의 탈선이 매우 시급한 문제였기 때문에 윽박지르고 잘못을 꾸짖었기에 이에 상처를 받은 아이는 더 심하게 엇나갔습니다. 그러나 반대로 제가 했던 것처럼 먼저 아이의 입장에서 생각하고 그 생각을 듣기 시작했다면 애초에 탈선초기에 마음을 바로 잡고 좀 더 빨리 자신의 꿈을 찾았을 것입니다.

저는 이때의 경험을 통해 가정의 많은 문제들이 소통이 부족해 생겨난다는 것을 알게 되었습니다. 그리고 반대로 이야기하면 부모와 자녀는 소통만 되면 가정에서는 별 다른 문제가 일어날 리 없고 자녀들이 하나님이 주신 달란트를 통해 인생의 최종 목표인 비전이자 꿈도 찾을 수 있게 됩니다.

소통의 부재의 유형과 원인

가족과의 원만한 관계를 위해서 가장 중요한 것은 대화를 기반으로 한 소통입니다. 그런데 이 대화가 부족할 때 여러 가지 문제가 생겨나고 여기저기 마음의 길이 막히기 시작합니다.

자기생각만 가득한 부모들이 혈기가 앞서서 참지를 못해 자녀 말을 듣지 않고 무조건 순종하라고 윽박지르는 것이 불통이 되는 가장 큰 이유입니다. 모든 일에 혈기가 날 때 최소한 3초라도 참아보십시오. 상황이 좋게 바뀔 것입니다. 아이의 입장에서 인내하며 기다리는 것이 가장 중요합니다.

소통의 부재는 크게 다음의 세 가지 유형으로 나타납니다.

1. 단절

극히 일상적인 대화만 나누고, 따로 시간을 내서 얼굴을 본다거나 같이 식사하는 일이 거의 없는, 소통이 완전히 단절된 상태입니다. 일반적으로 자녀들이 성장해가며 부모와의 관계가 소원해지며 자연스럽게 일어나기도 하고, 마음으로는 어떨지 모르지만 양방 모두가 소통의 의지가 겉으로는 전혀 드러나지 않기 때문에 서둘러 손을 써야 하는 상태입니다. 자녀는 부모가 자기에게 관심이 없다고 생각하는 순간 의도적으로 부모에게 관심이 없는 척을 하기 때문에 이 단계에서는 누군가 먼저 다가가는 것이 필요합니다.

2. 명령

흔히 부모가 자녀에게 과도한 관심을 갖고 강제로 이끄는 경우에 나타나는 소통의 단절입니다. 부모의 입장에서는 자녀에게 충분히 관심을 갖고 적극적으로 소통을 하고 있다고 느끼지만 정작 자녀입장에서는 받아들이지 못하며 단순히 간섭으로 받아들이는 상태입니다. 부모의 욕심이 과하거나 자녀의 상황을 이해하지 못하는 경우에 일어나는 상황이며 이런 문제로 자녀들이 탈선을 하는 경우도 많기 때문에 세심한 주의가 필요합니다.

3. 공감의 부재

마지막 유형은 겉으로 보기에는 부모와 자녀간의 대화도 많고 별 다른 문제는 없어 보이나 사실 서로의 속마음을 터놓지는 못하고 있는 경우입니다. 서로에 대한 관심과 기대에 부응하느라 정작 자신의 마음을 터놓지 못하는 경우인데 이런 때는 자녀들이 하나님이 주신 비전과 달란트를 제대로 계발할 수 없는 상황이 되거나 갑자기 엇나가는 미래를 선택해 부모들이 큰 충격을 받게 되기도 합니다. 그러나 서로 상대방의 상황을 조금만 더 이해하려고 노력한다면 금방 문제를 해결할 수 있는 양호한 상태이기도 합니다.

제가 예전에 피아노를 가르치며 만난 학생들 중에는 부모가 포기한 아이들이 많았습니다. 부모님들 말을 들어보면 세상에 그런 문제아가 없었지만 정작 저와는 말이 잘 통했습니다. 일주일에 1,2번 만나 저와 대화를 하는 것만으로 정신을 차리고 새사람이 되는 경우도 많았습니다.

이 모든 것이 대화의 힘입니다. 대화를 포기하지 않고 작은 장점이라도 계속적으로 언급하며 긍정적인 용기를 부어주면 돌 같은 자녀의 마음이라 할지라도 희망의 씨앗이 싹트고 자신감이라는 거대한 나무로 자라납니다.

까칠한 아이어도, 대화중에 '지랄'이나 '썅' 같은 욕을 좀 섞는다 하더라도 일단 참고 들어주면 자녀들은 곧 스스로 생각을 해 대화에 사용하는 언어를 조절하기 시작합니다. 제 경험에 따르면 요즘 아이들의 80%정도는 부모나 어른들을 대할 때도 말투가 까칠하고 욕이 생활화되어 있기 때문에 까칠하다고 대화를 포기하면 우리 자녀들의 미래를 같이 포기하는 것이나 마찬가지입니다.

만약 지금 자녀와 소통의 부재 상태라면, 위 3가지 중에 어떤 유형에 속한다고 생각하십니까?

성경에 나오는 소통

성경에서 이삭의 이야기를 살펴보면 소통이 부모와 자녀와의 관계에서 얼마나 중요한지 잘 알 수 있습니다.

이삭은 두 아들 중에 야곱과는 소통을 잘했지만, 에서와는 소통하지 못했습니다. 그리고 물론 에서의 잘못도 어느 정도 있지만 이런 관계로 인한 소통의 부재가 좋지 않은 영향을 미쳐 한 가정 전체에 엄청난 위기를 가져왔습니다. 야곱은 도망가고, 에서는 분노해 동생을 죽일 마음을 품었으며, 그로 인한 이삭과 리브가, 에서의 관계도 불편해졌습니다.

그런데 재미있는 것은 이랬던 에서와 야곱도 바로 소통의 방법을 통해서 다시 관계가 회복되었다는 것입니다. 야곱은 올바른 소통의 방법을 선택해 형 에서의 분을 풀었고, 다시 관계를 회복했습니다.

"에서가 또 이르되 내가 만난 바 이 모든 떼는 무슨 까닭이냐 야곱이 이르되 내 주께 은혜를 입으려 함이니이다 에서가 이르되 내 동생아 내게 있는 것이 족하니 네 소유는 네게 두라"(창세기 33:8-9)

성경의 곳곳을 살펴보면 이와 같이 하나님과 사람, 사람과 사람의 소통과 부재의 대한 이야기로 좋은 교훈과 지혜들을 얻을 수 있습니다.

가인과 아벨은 똑같이 하나님께 제사를 드렸지만 아벨과 달리 가인은 하나님이 진정으로 바라는 것이 무엇인지 알지 못했습니다. 그는 자기의 마음대로 하나님께 제사를 드렸고 하나님은 그 제사를 받지 않으셨습니다.

사무엘은 어려서부터 하나님의 음성을 듣고 실천하는 선지자로 쓰임을 받았지만 엘리 제사장은 하나님의 음성을 오래 동안 듣지 못했고 그 자녀들에게도 믿음이 전해지지 못했습니다.

그러나 디모데는 외조모인 유니게로부터 성경을 잘 배워 바울에게도 인정받는 사람이 되었습니다.

하나님과도 사람들과도 바르게 소통하는 사람, 그리고 그렇지 못한 사람의 차이는 이처럼 극명하게 나타납니다. 그렇기에 올바른 소통은 부모와 자녀의 관계뿐 아니라 믿음을 위해서도 반드시 필요합니다.

소통의 어려움을 해결하는 법

제가 그동안 만나면서 대화를 통해 문제를 해결했던 많은 학생중에서 지금도 가장 먼저 생각나는 한 아이가 있습니다.

지금은 피아노를 전공해 학원 원장님이 되었고 결혼도 잘했습니다. 이 아이도 마찬가지로 부모와의 소통의 문제로 크게 반항을 해 결국 나중에는 부모님도 완전히 포기해 죽든지 말든지 알아서 하라고 내쫓을 정도의 상황이었습니다. 그러나 저와의 대화를 통해 아이가 마음을 열고 자신의 인생을 바로잡기 시작했고, 이 변화에 놀란 부모님은 저를 찾아와 감사한 마음을 아주 오랫동안 전했습니다.

그런데 그런 과정에서 알게 된 사실이 있는데, 바로 그동안 부모님도 자녀에게 진심을 전했다고 생각했고, 자녀 역시 부모님에게 진심을 전했다고 생각하고 있었다는 사실입니다. 둘 다 서로에게 진심을 전하고 있었다고 생각했으나 그 소통은 온전히 이루어지지 않았습니다.

부모와 자녀의 원활한 소통은 마음만으로 되는 것이 아니라 다음과 같은 몇 가지 기술이 필요합니다.

1. 부부가 먼저 소통을 하라.

부부는 자녀들이 보고 배우는 최고의 스승이자 최악의 스승입니다. 먼저 부부 사이에 바른 소통의 모습을 보이면 자녀들은 은연중에 진정한 소통이 무엇인지 자연적으로 알게 됩니다. 이를 위해서 부부는 자녀들 앞에서 다정한 모습을 자주 보이며, 긴 대화도 즐겁게 하는 모습이 필요하고, 감정적인 어투로 상대방을 대하는 모습은 최대한 자제해야 합니다.

2. 자녀들이 가장 존경하는 사람이 부모가 되도록 하라.

사람은 자신이 존경하는 사람을 자연스럽게 모방하는 심리가 있습니다. 자녀가 부모에게 마음을 열지 못하고 속마음을 말하지 못하는 것은 완벽하고 최고인 줄 알았던 부모님의 모습이 사실은 다르다는 것을 알고 상처를 받았기 때문일 수도 있습니다. 그렇기에 먼저 솔직히 부족한 부분은 인정하고 자녀를 향한 사랑을 고백하며 신앙적으로 바른 삶을 살고자 하는 모습을 통해서 자녀들이 존경심을 갖게 하면 소통을 위한 큰 벽이 무너집니다.

3. 자녀의 입장에서 인내하고 무조건 기다려라.

우리나라 학생들이 받는 가장 큰 스트레스 중의 하나가 교육 환경이 바뀌는 것입니다. 그러나 자녀에 대한 욕심이 앞서는 부모들은 자기 주관이 없이 교육관을 자주 바꿉니다. 조금 심하게 말하면 옆집만 다녀오면 교육방법이 바뀐다고 말해도 과언이 아닙니다. 그러나 자녀들과의 대화를 통해 들어보면 자녀들은 이 일로 인해 정말로 큰 스트레스를 받습니다. 그 과정에서 자신에게 맞는 방법이 무엇인지 헷갈려 포기하는 아이들도 많습니다.

제 큰 아이의 경우에는 미숙아로 태어나 성인이 될 때까지만 해도 사고가 약간 둔하고 말이 어눌했지만 별 다른 교육방법 없이 느릿느릿한 방식으로 저와 많은 대화를 나눴습니다.

그런데 언제부터인지 대화를 통해 자기 머릿속에 떠오르는 여러 가지 생각들을 말하며 상상의 나래를 펼치더니 나중에는 보통의 학생들이 하지 못하는 생각을 하며 미래를 바라보는 통찰력이 생겼습니다. 그 다음부터는 제가 뭐라고 하지 않아도 자기 인생의 미래를 스스로 계획하며 자료를 수집하며 꾸리기 시작했습니다. 자녀에게 맞는 교육방법은 자녀가 제일 잘 알며, 부모는 그것을 찾을 수 있게 조언자 역할을 해줘야 합니다.

4. 권위주의에서 벗어나라.

자녀들보다 훨씬 많은 인생을 산 부모들이지만 그래도 완벽할 수는 없고 모든 것을 알 수는 없습니다. 그렇기에 지혜가 부족하다는 사실을 먼저 인정해야 하고, 때로는 잘못을 먼저 인정할 줄 아는 것도 필요합니다.

권위를 세우는 것은 중요하지만 무조건 권위가 최우선인 권위주의가 돼서는 안 됩니다. 권위를 잘못 세우면 자녀에게 큰소리만 치게 되고 잘못된 생각을 강요하게 됩니다. 대화를 통해 자녀가 성장하는 지름길이 열려야 하는데, 권위주위는 정반대의 역효과를 냅니다.

자녀와의 대화에 먼저 공감을 해주고 다른 생각도 인정해주고 격려해주십시오. 때로는 실수를 인정하는 이런 모습에서 자녀들은 부모의 조언을 잔소리로 여기지 않고 서서히 대화를 통해 마음의 문을 열어갈 것입니다.

5. 가정예배를 드려라.

성령님의 임재가 있는 가정에서는 저절로 대화가 됩니다. 처음 대화가 중요하고 소통이 중요하다고 해도 갑자기 말을 꺼내기가 쉽지 않고 대화법이 변화되기가 쉽지 않습니다. 그러나 예배를 통해 가족 모두의 마음에 동일한 은혜가 임하면 대화를 하고 주제를 잡는 것이 전혀 어렵지 않습니다. 예배를 통해 같은 은혜를 체험하면 대화와 소통이 저절로 되기 때문에 저는 가정예배가 믿는 가정의 소통에 매우 중요하다고 생각합니다. 다만 일반 예배의 축소판으로 가정예배를 꾸리면 시작하기 전부터 딱딱하다고 느낄 수 있기 때문에 제가 했던 방법과 같이 아이들이 진행하게 하고 함께 예배의 식순이나 좋은 아이디어들을 적용해서 꾸리는 것도 좋은 방법입니다.

소통은 결코 일방통행으로는 일어날 수 없습니다. 우리의 자녀들에게 자존감을 심어주고 자신들이 인정받고 있음을 느낄 수 있도록 하는 지혜로운 대화를 통해 먼저 소통의 첫 발걸음을 떼십시오.

"생명의 경계를 듣는 귀는 지혜로운 자 가운데에 있느니라"(잠언 15:31)

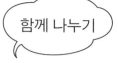
함께 나누기

　잠언 15장 5절은 "아비의 훈계를 업신여기는 자는 미련한 자요 경계를 받는 자는 슬기를 얻을 자니라"라고 말씀하고 있습니다. 결국 자녀들이 부모의 말을 지혜롭게 받을 수 있게 하는 소통의 기술이 있다면 그것은 우리 가정뿐 아니라 자녀를 위한 매우 중요한 일이 되기도 합니다. 자녀들이 하나님의 말씀을 따라 부모와 소통하고 진리를 아는 것이 자신의 미래를 여는 복된 길임을 알게 해야 합니다.

　다음의 질문을 놓고 함께 나눠 보십시오.
❶부모/자녀 중 소통을 더 노력해야 하는 쪽은 어디일까요?
❷부모와 자녀가 소통이 안되는 가장 큰 원인은 무엇일까요?
❸잘못된 소통을 바로 잡기 위해서 좋은 방법은 무엇일까요?
❹자녀의 연령대에 따라 소통의 방법도 달라져야 할까요?
❺지금 자녀와 나의 소통의 상태는 어떤가요?

2

갈등

자녀와 갈등지수 체크 리스트

아래 질문에 「매우 그렇다」면 ( )안에 10을, 「매우 그렇지 않다」면 0을 표시하되, 그 사이는 본인이 적당한 점수를 쓰십시오.

01	매일 수차례의 의견의 충돌이 있다.	
02	자녀가 나의 마음을 잘 몰라준다고 생각한다.	
03	자녀도 내가 자기 마음을 몰라준다고 생각한다.	
04	배우자와의 의견 충돌이 잦은 편이다.	
05	나의 말투는 약간 공격적이다.	
06	내 말이 나의 의도와 다르게 오해를 일으킨 적이 있다.	
07	갈등이 생겨도 명확한 방법으로 해결을 하지 않는다.	
08	그동안의 갈등으로 쌓인 앙금이 아직도 남아있다.	
09	사람들이 보는 앞에서도 자녀와 종종 다툰다.	
10	의견을 조율하기 보다는 권위를 내세워 해결한 적이 있다.	
※ 위에 기록한 점수를 합산하십시오. 그 점수가 갈등지수(%)일 수 있으나, 정확한 것은 아니니 참고만 해 주십시오.		

가정법원의 판사가 하루는 청구소송을 심사하는 도중 이혼사유에 '감자'라고 적혀 있는 것을 보았습니다.

하도 사유가 특이해서 사연을 알아보니 오래 연애를 해서 결혼한 신혼부부가 아내가 간식으로 감자를 삶아왔는데 소금을 같이 가져왔다는 것입니다.

소금을 본 남편이 대뜸 "감자는 설탕에 찍어먹어야지 무슨 소금이야?"이러면서 싸움이 시작되었습니다. 그러다 나중에는 "도대체 무슨 놈의 집안에서 감자를 소금에 찍어 먹느냐?"는 말까지 나오면서 집안싸움으로 번졌고, 급기야 법원까지 오게 되었습니다. 이 부부가 판사를 보고 가장 처음 묻는 말은 더 가관이었습니다.

"판사님, 판사님은 감자를 소금에 찍어드십니까? 설탕에 찍어드십니까?"

그 말을 들은 판사는 이렇게 말했습니다.

"저는 강원도 출신인데, 저희 집안에서는 감자를 고추장에 찍어 먹습니다."

사랑해서, 그것도 연애결혼을 한 신혼부부 사이에도 때때로 생각지도 못한 갈등이 생깁니다. 거의 반평생을 함께할 가족 간의 관계에도 크고 작은 갈등들이 생기고 또 사라지는데, 건강한 가족관계, 그리고 자녀와의 관계를 만들기 위해서는 이 갈등에 대한 대처능력이 참으로 중요합니다.

미국의 심리학자 쿠르트 레빈은 모든 갈등은 다음의 세 가지 범주로 구분된다고 주장했습니다.

첫째, 접근과 접근의 갈등

두 사람이 있다고 가정하면 서로 하고 싶은 일이 다르기 때문에 생기는 갈등입니다.

둘째, 회피와 회피의 갈등

서로 피하고 싶은 일이 다르기 때문에 생기는 갈등입니다.

셋째, 접근과 회피의 갈등

어떤 일의 장단점을 두고 서로 대립하는 갈등입니다.

레빈은 사회, 가정, 개인에게 일어나는 모든 갈등은 어떤 경우든 이 세 가지 범주 안에 포함된다고 말을 했습니다. 그리고 현대사회에서는 이 갈등의 범주를 조금 더 세분화시켜서 4가지로 '다름의 충돌, 구조의 충돌, 이해관계의 충돌, 해석의 충돌'로 구분하기도 합니다.

부모자녀 사이의 갈등을 해결하는데 이런 이야기가 왜 필요하냐고 생각하는 분도 있겠지만 문제를 해결하기 위해선 먼저 원인을 알아야 합니다. 가정에서 부모와 자녀간의 갈등이 생기는 가장 큰 이유는 '다름의 충돌, 이해관계의 충돌, 해석의 충돌'인데 이런 점을 염두에 두고 문제에 접근을 하면 조금 더 쉽게 해결책을 찾을 수 있습니다.

제가 아는 한 아이 중에 남들이 말하는 문제아가 있었습니다.

부모님은 두 분 다 교회 중직을 맡고 계신 분이었고, 가정환경도 안정적이었고 딱히 모날만한 부분이 없었으나 뭐가 문제인지 학교생활에 적응을 도통 못하고, 아이 주변에 친구라고는 완전 문제아뿐이었습니다. 부모님이 타일러도 보고 회유도 해봤으나 아무 소용이 없었고 가출을 밥 먹듯이 하다가 나중에는 학교에서 아예 잘릴 정도로 심각한 상태가 되었습니다.

그런 아이를 제가 만나게 되었는데 대화를 나누다 보니 결국 부모와 대화가 되지 않는다고 느끼면서 갈등의 골이 깊어진 것이 모든 것의 원인이었습니다. 당시 아이의 상태가 워낙 심각해서 저 역시 풀어나가기가 쉽지 않았지만 그래도 한 아이의 인생을 살린다는 생각으로 계속 사랑으로 다가갔고 인격적으로 대해 주며 품성이 바로 서게 도와주었습니다. 그러자 비록 학교도 잘리고 문제아로 낙인까지 찍혀 부모도 포기한 상태의 아이임에도 돌아오기 시작했습니다.

지금은 정신 차리고 학업도 마치고 자신의 꿈을 위해 살아가는데, 처음 보는 사람들은 도저히 과거에 그만큼 꼴통에 문제아라고 생각할 수 없을 정도로 착실하고 바르게 살아갑니다.

포기만 하지 않으면 조금 시기가 지나더라도 아이는 분명히 돌아옵니다.

부모들이 자녀와의 갈등을 제대로 해결 못하면 언제든 상처가 곪아 터지기 마련입니다. 갈등은 크기가 작든 크든 어차피 넘어야 할 산이며, 아이들이 자라며 변화하는 것은 너무나 당연한 일이기에 부모들은 절대로 자녀를 포기하지 않고 갈등을 해결하기 위해 노력해야 합니다. 자녀들의 성장과정에서 항상 곁에 있고 또한 자녀들을 세상 누구보다 잘 아는 사람이 바로 부모, 우리 엄마들이기 때문입니다.

갈등의 정의

갈등은 꼭 부모자녀 사이가 아니더라도 사람들이 살면서 가장 자주 겪는 어려움 중의 하나입니다. 본래 이 갈등이라는 말은 심리학적인 용어로 사전에는 "정신생활을 혼란하게 하고 내적, 외적 조화를 파괴한다"라고 나와 있을 정도로 좋지 않은 현상입니다.

일반적인 갈등상태는 두 가지 이상의 상반된 경향이 동시에 존재하기 때문에 최종 의견을 조율하기까지의 행동적, 감정적 마찰이 생깁니다. 그러나 반대로 제대로 극복만 된다면 갈등이 해소되는 과정에서 서로에 대해서 더 잘 알게 되고 올바른 소통의 방법을 깨닫게 되는 긍정적 효과가 있기 때문에 아무리 자녀들이 문제아에 꼴통이라 포기하고 싶은 생각이 들지라도 결코 마음을 약하게 먹어서는 안 됩니다.

갈등이 생기는 곳에는 하나님이 바라시는 모습과는 정반대의 좋지 않은 결과들이 생겨납니다.

갈등이 생기면 자녀들은 부모에게 반항을 합니다. 그러나 성경은 "자녀들은 부모에게 순종하라"고 말씀하고 있습니다. 부모들은 자녀에게 강요를 하고 교육방침을 수시로 바꿉니다. 그러나 성경은 "부모는 자녀를 노엽게 해서는 안 되며 말씀과 사랑으로 양육해야 한다"고 말씀하고 있습니다.

하나님을 믿는 가정이라 할지라도 갈등을 제대로 해소를 하지 못하면 하나님을 위한 비전을 향해 달려가며 기쁨과 행복이 가득해야 할 자녀의 인생에는 혼란과 어려움이 생겨나며, 천국을 경험해야 할 가정에 갈등의 싹이 트면 지옥과도 같은 곳으로 느껴질 정도로 부작용이 심해집니다. 그러므로 갈등이란 어렵다고, 자녀를 대하기가 어렵다고, 혹은 내 마음이 너무 힘들다고 해서 피해야 할 것이 아니라 어떻게든 지혜롭게 극복하고자 하는 방향으로 해결해야 합니다.

갈등의 유형과 원인

모든 갈등이란 결국 '서로 다른 의견의 차이'로 정리할 수 있습니다. 부모와 자녀 간에 일어나는 갈등 역시 이 범주를 벗어나지 않지만 특히 교육과 사춘기라는 요소가 복합적으로 작용함에 있어서 부모에게 미치는 갈등의 크기와 범주는 조금 더 넓습니다. 자녀와의 갈등을 제대로 해결하기 위해서는 먼저 부모가 이겨내야 할 갈등이 몇 가지가 있습니다.

1. 부모 내면의 갈등

「두 자녀를 잘 키운 삼숙씨 이야기」 책을 보신 분들은 아시겠지만 세상적인 기준으로 볼 때 저는 '빵점 엄마'라고 불러도 할 말이 없는 사람입니다. 물론 가정환경도 너무 어려워서 사교육을 할 수도 없었지만 세상적인 방법이 아니라 하나님의 방법으로 자녀들이 직접 자신의 꿈을 개발하고 하나님을 체험하며 살아가길 바라는 마음이 있었습니다. 그래서 제 나름의 교육법을 정해놓고 또 실천을 하고 있었으나 자녀들이 자람에 따라 위기가 매우 많이 찾아왔습니다. 특히나 큰 애의 경우는 미숙아로 태어나 약간 어눌했던 터라 이대로 둬도 괜찮을까라는 생각이 종종 들기도 했습니다. 이렇게 공부보다는 성품, 성적보다는 말씀을 우선하는 저의 교육방법을 보는 사람들은 하나같이 염려하는 말을 했습니다.

"지금 때가 어느 땐데 아직도…"

"사교육도 하나 없이 애를 어떡하려고…"

한 번은 제가 살던 아파트에 한 유명한 영어교육 프로그램이 들어온 적이 있었습니다. 그룹으로 진행되는 시스템이라 사람이 모여야 진행이 가능했는데 우리 큰애까지 끼면 딱 되는 숫자라 먼저 모인 엄마들이 권유를 했습니다. 때마침 큰애의 교육에 대한 생각이 자꾸 들던 터라 욕심이 생겼지만 성품과 말씀을 우선으로 교육시키겠다는 원칙이 깨질까봐 거절을 했는데 모인 엄마들이 모두 비웃었습니다. 21세기에 무슨 성경을 암송하고 사교육, 그것도 가장 기본인 영어도 안 시키냐고 자기들끼리 모일 때마다 이야기하며 다른 아이를 구해서 프로그램을 진행시켰습니다. 그러나 지금 그때 영어 교육 일찍부터 시켰던 학생들은 대부분 지금은 특별하지 않은 사람들이 되었고, 제 자녀는 알아서 혼자 공부해 한예종, 줄리어드, 예일 대학교를 전액 장학금을 받을 정도로 주님께서 알아서 명품으로 만들어주셨습니다.

물론 제가 결과를 바라고 그런 교육을 시킨 것은 아니었지만 하나님께서 열매를 주셨습니다. 자녀를 교육함에 있어서 분명한 원칙을 세우고 주위의 영향을 받지 않고 이겨나간다면 자녀들도 그런 교육을 통해 스스로 내면의 갈등을 이겨내는 방법까지도 배워나갈 것입니다.

2. 부모와 자녀의 갈등

예전같이 부모님의 말씀에 일단 복종하는 시대는 지났고 마치 미국 가정처럼 아이들이 일정한 나이가 되면 "내 인생에 간섭하지 마세요"라고 당당히 요구하기 때문에 지금 시대의 가정에서는 늘 전쟁의 기류가 흐릅니다. 자녀들이 걱정되는 시기이기 때문에 부모님들은 더욱 신경을 쓰지만 이걸 잔소리로 받아들일 여지가 있기 때문에 되도록 격려와 응원으로 도와주는 것이 좋습니다.

저의 경우는 물론 환경적인 요인도 있었지만 자녀들이 어렸을 때부터 교육방침과 가치관을 정립시켜줄 방향을 정하고 타협 없이 모든 것을 하나님께 맡기니까 문제가 해결되어 별 다른 갈등이 없었습니다.

그러나 어렸을 때부터 음악은 연습을 조금 혹독하게 시켰는데 그 과정에서 문제가 생긴 적은 종종 있었습니다. 제가 어렸을 때 아무래도 막 음악을 시작한 자녀들과는 역량에 차이가 있다 보니 기준의 가르침과 연습량을 아이들이 따라오지 못할 때가 많았습니다.

직접 가르칠 수밖에 없는 환경이었기 때문에 할 줄 아는 음악이나마 자녀들에게 최선을 다하고 싶은 마음이었지만 자녀들에게는 그냥 무서운 엄마로 보였는지 저랑 같이 있을 때만 대충 하는 척을 하고 제가 없을 때는 애들 표현대로 시간 떵까고 놀다가 다시 제가 들어오는 기척이 나면 후다닥 하고 있는 척을 했습니다.

갈등은 이처럼 입장과 생각의 차이에서 시작됩니다. 그렇다고 여기에서 욱하고 화를 내며 아이를 다그치면 거기서 갈등이 해결될 실마리는 사라지고 맙니다. 부모와 자녀의 갈등을 해결할 수 있는 가장 좋은 방법은 자녀를 향한 사랑과 자녀를 키우며 쌓인 지식이라는 점을 명심해야 합니다.

3. 부부사이의 갈등

부부사이의 갈등은 부모와 자녀 사이에 간접적으로는 너무나 중요한 원인이 되고 있습니다.

2014년도 대법원이 발간한 사법연감에 따르면 한국의 이혼율은 50년 전에 비해서 13배나 증가했으며, 아시아 국가들 중에서는 거의 가장 높은 수준이라고 발표했습니다. 공식 자료만 해도 결혼을 하는 전체 쌍 중에 약 30%가 이혼을 한다고 합니다.

하나님의 창조원리인 한몸의식의 결여, 지나친 간섭, 예의가 없는 대화, 책임전가 등등으로 갈등의 다양한 현상들을 해결하지 못하기 때문입니다.

부부의 갈등을 해결하는 것은 자녀들과의 갈등을 해결하는 데에도 중요한 포인트입니다. 자녀들 앞에서 갈등의 모습을 보이지 않는 것은 너무도 중요합니다. 만약 자녀와의 갈등의 해소를 위해 모든 노력을 기울이고 있음에도 문제가 잘 해결되지 않는다면 혹시 부부사이의 갈등의 골이 깊어 자녀들이 상심하고 있는 것은 아닌지 점검해 볼 필요가 있습니다.

성경에 나오는 갈등

갈등을 해결하는 지혜를 성경에서 찾아보기 전에, 먼저 성경에 나오는 갈등에 대해서 살펴보겠습니다.

성경은 아브라함과 롯의 갈등, 요셉과 그의 형제들의 갈등, 야곱과 에서의 갈등, 바울과 바나바 갈등처럼 사람과 사람 사이에서 갈등 때문에 일어나는 수많은 에피소드로 넘쳐 납니다.

인류의 역사와 함께 죄가 시작되었고, 동시에 죄의 결과물인 갈등 역시 계속 내려져 왔습니다. 갈등의 골이 깊어지면 전쟁이 되고 심지어는 패륜이 되거나 살인에 이르기까지 합니다. 심지어 야곱과 에서의 갈등은 모태에서부터였습니다

"그 아들들이 그의 태속에서 서로 싸우는지라 그가 이르되 이럴 경우에는 내가 어찌할꼬 하고 가서 여호와께 묻자온대"(창세기 25:22)

갈등은 골이 깊어지기 전에 해결하지 않으면 눈덩이처럼 더 큰 문제를 만듭니다. 처음에 갈등을 해결하기 힘들다고 그냥 방치하면 나중에는 정말로 걷잡을 수 없는 문제가 되고 맙니다.

갈등의 해결 방법

한 번 자녀와의 갈등을 해결하는 법을 익힌 부모는 평생을 걱정하지 않습니다. 저 역시 매우 독특한 교육방법과 또한 어려운 형편으로 인해 자녀와 세상의 시선들 사이에서 많은 갈등을 느

끼며 살았지만 조금 더 내려놓고 기도할 때마다 결과가 나왔고 그로 인해 갈등도 자연스럽게 사라질 수 있었습니다. 갈등이라는 것은 결국 서로 다른 생각, 서로 다른 마음에서 시작되는 것이며 그것을 하나로 모으고 섞는 과정이 결국 갈등해결의 근본 원리임을 먼저 깨닫고 다음의 원리를 적용해야 합니다.

1) 분명한 방침을 세우고 선택을 하라

제가 종종 하는 말 중에 "부모가 옆집을 갔다 올 때마다 교육 방식이 바뀐다"는 말이 있습니다. 자녀를 어떤 기준으로 어떻게 키울 것인지, 가장 중요한 가치는 무엇인지는 가르칠 생각이 없이 그저 성적에만 목을 매고 세상적 유행만 쫓기 때문에 부모 스스로도 내적 갈등을 경험하며 이로 인해 혼란스러운 자녀들과도 갈등을 경험하게 됩니다. 이럴 때는 분명한 선택을 해야 합니다. 조금 아쉽더라도 내 욕심을 내려놓고 말씀을 통해 하나님의 방법대로 키울 것인지, 당장 성적은 조금 안 나오더라도 정직하고 바른 성품을 지녀 세상의 빛과 소금으로 쓰임 받는 큰 재목으로 키울 것인지 먼저 부모들이 자기 내면의 갈등을 이겨내고 분명한 교육 방침을 세워야 합니다.

저의 경우에도 둘째는 그냥 놔둬도 혼자 알아서 잘 컸는데 첫째의 경우는 아무래도 미숙아로 태어나 보살핌이 많이 필요해서 내 자신이나 시간들을 많이 희생해야 했습니다. 교회 일도 신경 못 쓰고 사모로써 아이에게 너무 신경을 쓰는 게 아닌가 했지만 지금이 아니면 아이의 인생에 평생 영향을 끼칠 것 같아서 먼저 아이에게 신경을 썼고, 그 다음에 아이가 스스로 자기 삶을 살아갈 힘이 생겼을 때는 다시 교회에 올인을 했습니다.

그렇게 선택과 집중을 통해 갈등을 이겨낼 수 있었고, 아이도 살고 교회도 살았습니다. 이런 저의 선택을 잠깐이나마 오해한 사람들도 있었지만 결국 지금 여러 결과를 보고 나서는 당시 상황을 이해하고 있습니다.

이처럼 선택을 하고 교육방침을 세우는 일에는 내 욕심이나 자존심, 배웠던 모든 지식, 다른 사람들의 시선을 모두 배제해야 합니다. 저 역시 이런 과정을 통해 하나님이 제 자존심이나 배웠던 모든 지식을 포기하게 하셨고, 아이들이 자랄수록 조금의 갈등도 생기지 않고 확신만을 더해주셨습니다.

2) 만남의 자리를 만들고 기도하라

야곱은 에서와의 오랜 갈등을 풀기 위해 목숨을 건 만남을 시도했습니다. 방치 또는 무관심은 더 많은 문제를 만들어 낸다는 것을 야곱은 알았기에 더 이상 돌아올 수 없는 강을 건너기 전에 에서를 찾아갔습니다. 따라서 갈등이 이미 시작되어 서로 간의 감정적인 상처가 있더라도 어떤 식으로든 만나고 얼굴을 보며 대화를 시작하는 것이 중요합니다.

저의 경우에는 온 가족이 매일 드리는 가정예배가 이런 역할을 했습니다. 싫든 좋든 하루에 한 번은 함께 앉아 서로 삶을 나누고 말씀을 들을 수밖에 없었기 때문에 이런 시간을 만들어 되

도록 자주 자녀와 만나고 관심을 표현하는 것이 갈등의 해소에
는 큰 도움이 됩니다.

또 제 자녀들이 부족한 교육
을 받고도 각자의 영역에서 잘
되고 있는 것은 마음을 다한
기도 때문이기도 합니다. 세상
사람들의 기준을 따르지 않고, 말씀을 기준으로 가르치고 섬기다
보면 억울할 때도 많고 무시당할 때도 많습니다. 브닌나에게 온
갖 멸시를 당하던 한나의 심정과 같은 마음을 저 역시도 수도 없
이 느꼈습니다. 말씀을 묵상하며 한나의 억울함을 떠올리며 성경
이 지금 시대에 쓰였다면 한나는 아마도 브닌나를 '나쁜년'이라
고 욕하며 울분을 토했을지도 모른다는 생각이 들 정도였습니다.
이런 억울함을 저 역시도 많이 느꼈지만 그때마다 기도로 해소
할 수 있었고 이겨낼 수 있었습니다.

그래서 제 마음 속의 갈등을 해결할 수 있었고, 자녀들과의 갈
등도 지혜롭게 다룰 수 있었습니다. 기도로 하나님께 구하면 하
나님께서 그에 필요한 마음과 지혜를 주십니다. 그리고 때로는
기적을 보여주십니다. 인간적인 노력을 다 하되, 답이 보이지 않
을 때는 더욱 열심히 하나님께 기도하며 구해야 합니다. 하나님
은 제 두 자녀를 통해 그 열매를 보여주셨고, 이제 당신의 자녀를
통해서도 그 열매를 보여주실 것입니다.

3)인내함으로 마음 전달하기

사모가 되기 전에는 그래도 나름 서울의 명문대학교 음악대학원 교육학과를 다녔기에 다른 건 몰라도 어려서부터 자녀들에게 음악 교육을 직접 시키며 충분히 욕심을 낼만한 상황들이 많이 있었습니다. 그러나 어려서는 그 성과가 잘 나오지 않았습니다.

큰 아이는 나가는 콩쿨마다 떨어질 때가 있었고 공부에 관심이 없던 둘째는 중위권을 벗어나지 못할 정도로 성적이 좋지 않았지만 저는 마음을 조급하게 먹지 않았습니다. 아니, 사실은 처음에는 조급하지 않은 척을 했던 것 같습니다. 내 감정에 욱해서 아이를 다그쳐봤자 잘될 일이 하나도 없다는 생각에 그저 욕심을 버리고 정직하게 하나님만 잘 믿으라고 교육을 시키며 아이 편에서 자녀의 상황을 이해하려고 천천히 노력을 했더니 그 덕분인지 첫째는 자라면서 점점 두각을 나타내기 시작했고, 둘째는 공부는 못해도 삐뚤어지지는 않았고 친구들이 꼴통이라고 부르는 꼴통 친구들에게 휩쓸리지 않고 오히려 선도해 엄마의 기대와 바람을 뛰어넘는 거목으로 자라나고 있었습니다.

욕심을 버리고 아이 편에서 아이를 이해하려고 힘을 쓰는 일이 정말로 중요합니다. 그래야 부모도 마음이 편하고 열을 안받고 자녀도 숨을 쉽니다. 정말로 솔직히 말하자면 저 당시에는 주위 사람들의 시선으로 마음이 너무 힘들었고 여러 상황까지 좋지 않았기 때문에 그렇게 하지 않았으면 내가 이겨내기 힘들었고, 정말 못살 것 같았습니다. 그러나 그 덕분에 욕심을 버리고 기다리며 아이들의 소리를 귀담아 듣는 법을 알았고 그로 인해 질풍노도의 시기로 수많은 문제아들이 생긴다는 사춘기 때에도 저와 우리 자녀들은 별다른 갈등의 문제를 겪지 않고 지나올 수 있었습니다.

처음 자녀가 태어났을 때를 떠올려보십시오. 정말 내 모든 걸 내어줘도 아깝지 않을 만큼 생명처럼 귀한 자녀였을 것입니다. 그러나 그 마음이 너무 크고 또 잘못된 방향으로 나갈 때 갈등이 생기게 됩니다. 그러나 그 갈등을 넘어야 합니다. 욕심보다 더 큰 인내와 기다림, 그리고 사랑과 말씀으로 자녀를 위해 노력할 때 자녀와의 갈등도 해결이 됩니다.

"미움은 다툼을 일으켜도 사랑은 모든 허물을 가리느니라"(잠언10:12)

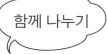
함께 나누기

　아무리 사소한 갈등이라도 한 번에 해결할 수는 없습니다. 또한 책에 나온 대로 특정 원인만 존재하는 것은 더더욱 아닙니다. 그래서 갈등의 문제를 푸는 것은 답이 정해져 있는 수학공식일 수 없습니다. 오랜 시간을 지내온 자녀와 부모의 변화를 통해 그리고 노력과 기도를 통해서 해결할 수 있습니다.

　얽힌 칡넝쿨, 등나무를 푸는 것이 쉽지 않은 것처럼 우리의 노력이 정말 많이 필요한 것이 이 갈등을 극복하는 것입니다. 그러므로 지금껏 경험을 해봤던 갈등의 사례, 그리고 해결을 했던 효과적인 방법에 대해서 서로 나누고 공유하는 시간이 필요합니다.

　다음의 질문을 놓고 함께 나눠 보십시오.
❶자녀와 주로 갈등을 일으키는 문제는 무엇입니까?
❷갈등이 생길 때 주로 어떤 방법으로 해결하십니까?
❸갈등을 묻어두는 것은 어떤 이유 때문일까요?
❹갈등의 책임은 주로 누구에게 있다고 생각하십니까?
❺지금 자녀와 갈등을 겪고 있다면 어떤 문제입니까?

3

관계

관계지수 체크리스트

아래 질문에 「매우 그렇다」면 ( )안에 10을, 「매우 그렇지 않다」면 0을 표시하되, 그 사이는 본인이 적당한 점수를 쓰십시오.

01	항상 아이의 주변으로 친구들이 모이는 편이다.	
02	적어도 친구 문제로 괴롭힘이나 따돌림을 당한 적은 없다.	
03	친구들과 약속을 잡고 1주일에 2회 이상 나가 논다.	
04	아이가 컴퓨터를 하는 것보다 친구와 노는 것을 더 좋아한다.	
05	옛 친구들과 지금도 연락을 하는 편이다.	
06	관계의 중요성에 대해서 아이에게 늘 말해준다.	
07	관계의 중요성을 나 역시 알고 있다.	
08	처음 보는 사람과도 어렵지 않게 대화를 이어나간다.	
09	나와 배우자도 대인관계가 좋다.	
10	어른들과 선생님들에게도 대체로 칭찬을 듣는다.	
※ 위에 기록한 점수를 합산하십시오. 그 점수가 관계지수(%)일 수 있으나, 정확한 것은 아니니 참고만 해 주십시오.		

　스티브 잡스가 고등학생이던 때에 전자기기를 만지다 원하는 부품을 구할 수가 없던 때가 있었습니다.

　잡스는 당시 관련 부품을 취급하던 굴지의 대기업 HP의 회장인 빌 휴렛에게 직접 전화를 걸어서 부품을 달라고 요구했습니다. 일개 고등학생의 말도 안되는 요구에 휴렛은 당황했지만 20분이나 되는 끈질긴 설득에 결국 원하는 부품을 주고 심지어 방학 때는 HP의 인턴으로까지 채용해 일자리를 주었습니다.

　많은 사람들이 스티브 잡스가 성공할 수 있었던 이유를 창의성, 통찰력, 결단력이라고 생각하지만 사실 스티브 잡스가 진짜로 성공할 수 있던 능력은 관계를 형성하는 능력에 있었습니다.

　HP 회장에게 무작정 전화를 걸어 협상을 한 것 외에도 잡스는 모르는 사람의 차를 얻어 타고 먼 곳까지 여행을 자주 가곤 했으며 심지어 전혀 모르는 경비행사를 찾아가 비행기를 빌려 타고 멕시코를 다녀오기도 했습니다. 대학을 중퇴하고도 자신의 분야가 아닌 아타리라는 게임 회사에 찾아가 취직을 시켜달라고 무작정 떼를 쓰기도 했는데 처음에는 경찰을 불러 쫓아내려다가 결국 일자리를 줘서 새로운 경력을 하루아침에 시작하기도 했습니다.

한 때는 지능지수를 나타내는 I.Q.가 성공의 척도라고 여겨졌으나 시대가 흐르면서 지능보다도 감성이 중요한 E.Q.의 시대가 새로 열렸고 이제 많은 교육학자들과 성공학자들은 성공에 정말 중요한 것은 관계지수인 N.Q.(Network quotient)라고 말하고 있습니다. 요즘 카톡이나 메세지, 트위터, 페이스북… 등으로 SNS를 잘 사용하면 관계 형성에 큰 도움을 줍니다.

관계가 좋지 않은 상태에서 성공을 하는 것은 눈 가리고 외나무다리를 걷는 것처럼 너무나 위험하기 때문에 진정한 의미의 성공이라고 부를 수도 없습니다. 현명한 부모라면 이제는 성공을 위해, 행복한 인생을 위해 공부하고 경쟁하라고 하기보다는 베풀고 좋은 관계를 위해 노력하라고 가르치고 지도해야 합니다.

관계의 정의

사람을 나타내는 한자어 '인간(人間)'의 어원을 보면 '사람 인'에 '사이 간', 즉 사람과 사람 사이를 나타내는 뜻입니다. 결국 다른 사람과 함께 할 때만 인간이 인간답게 된다는 뜻입니다. 또 '빗장이 걸려있다'는 관계 한자어 '關契'는 이 사람과 저 사람 사이가 그만큼 돈독하고 올바르게 형성되어 있다는 뜻이기 때문에 인간관계의 뜻만 제대로 살펴도 관계가 얼마나 중요한 지 알 수 있습니다.

사실 관계란 인생을 살아가는데 있어서 가장 중요한 요소라고 해도 과언이 아니기 때문에 부모들이 가장 신경 써서 자녀들에게 지도해야 할 성품입니다. 하지만 요즘 대부분 부모들은 자녀들에게 반대로 가르치고 있습니다. 무조건 1등이 되라, 어떤 짓을 해서라도 성공하라는 1등지상주의, 물질지상주의를 교육시키는데 이렇게 가르치면 정말로 성공을 가져다줄까요? 자기만 아는 이기주의자가 되고 관계성이 없는 위험한 사람이 됩니다.

관계를 제대로 맺을 줄 모르는 사람은 성공할수록 위험합니다. 군대에서 일어나는 총기난사 사건과 묻지마 폭행, 학교폭력 사건에 대해서는 혀를 끌끌차며 문제라고 말을 하면서도 정작 그 원인이 일어나는 교육방식을 그대로 자기 자녀들에게 가르치고 있는 것이 오늘날 부모들의 문제입니다. 대부분의 가정이 자녀를 외동으로 낳고 그러다보니 과보호에 지나친 교육열이 더해져 이런 현상은 점점 심해지고 있습니다.

미국의 공대 명문인 카네기멜론대학교에서 자사 공대 졸업생을 수십년간 추적해서 성공의 조건에 대해서 조사를 한 적이 있었는데 좋은 성적과 기술은 15%밖에 영향을 주지 못했습니다. 반면에 성공한 사람들의 나머지 85% 비결은 탁월한 인간관계였습니다. 그리고 이처럼 인간관계를 잘하는 사람들의 특징은 직접적인 만남 뿐 아니라 메일이나 전화와 같은 간접적인 만남같은 같은 다양한 방법을 사용해 사람들과의 관계를 소중히 여기고 좋게 가꾸는 일을 잘한다는 것이었습니다.

바꿔 말하면 어려서부터 성적을 관리하고 1등 교육을 시키는 부모님들은 아이들의 미래를 위해 15% 영역에 투자하는 것이고, 반대로 아이들이 잘 놀고, 친구들과 좋은 관계를 유지하게 만들어주는 부모님은 85%의 영역에 투자하는 것입니다.

정말 지혜로운 부모들은 자녀에게 관계의 중요성에 대해 가르치고 바른 관계를 맺을 줄 아는 사람으로 길러냅니다.

우리 둘째 희찬이는 한국에서는 중위권을 벗어나지 못할 정도로 공부도 못했고 또 흥미도 없었습니다. 다만 아이들과의 관계성은 매우 좋았고 저는 아이가 그 관계 속에서 다양한 경험과 지혜를 쌓도록 가만 내버려두었습니다. 때로는 답답할 때도 있었지만 아이의 모습을 보며 저것도 재능이라는 생각을 했는데, 그 관계를 통해 유학 생활 내내 많은 사람들의 도움을 받으며 미국 예일대학원까지 가서 전액 장학금 뿐만이 아니라 생활비 일부까지 지원 받았습니다. 한국에서 계속 공부에 목매고 있었으면 지금쯤 폐인이나 백수가 됐을 거라던 우리 둘째 아들이 저에게 이런 말을 했습니다.

"관계가 형통하면 세상을 이겨요, 엄마!"

관계의 유형과 원인

어떤 생명이든 세상에 태어남과 동시에 부모와 자녀라는 관계를 통해 삶을 시작합니다. 그리고 하루하루가 자랄수록 점점 셀 수 없을 정도로 많은 사람들과의 관계를 통해 삶을 구성하고 살아가게 됩니다.

　내 자녀가 진짜 성공적인 삶을 살게 하려면 관계의 귀재가 되게 해야 합니다. 세계 최고의 인재들의 공통점은 관계에 성공한 사람들이며, 관계에 실패한 사람들은 제 아무리 뛰어난 능력을 가지고 있더라고 꽃을 피우기가 힘이 듭니다.

　이 중요한 사실을 오늘날의 부모들이 먼저 알아야 하며 그만큼 관계를 중요하게 생각해야 합니다. 특히 부모들은 자녀들에게 '하나님과의 관계', '부모님과의 관계', '사람과의 관계'에 대해서 바르게 가르치고 또 관계가 형성되도록 도와주어야 합니다.

　성경은 관계의 중요성에 대해서 다음과 같이 말하고 있습니다.

　"한 사람이면 패하겠거니와 두 사람이면 맞설 수 있나니 세 겹 줄은 쉽게 끊어지지 아니하느니라"(전도서 4:12)

　함께 할 수 있는 사람이 많을수록 성공으로 가는 지름길이 열립니다. 그러나 성공을 위한 관계만으로는 충분하지 않으며, 사람들과의 관계를 성공하는 것만으로도 역시 충분하지 않습니다. 관계에도 먼저 신경 써야 할 우선순위가 있습니다.

1. 하나님과의 관계

　크리스천인 우리들은 자녀들에게 먼저 하나님과의 영적인 관계에 대해서 가르쳐야 합니다. 영적인 관계는 하나님과의 관계이

자, 신앙생활을 통해 맺어진 관계를 말합니다. 모든 인간은 하나님의 창조물이기 때문에 먼저 하나님관의 관계가 바로 서야 합니다. 그래야 기본이 됩니다. 그런데 이 기본은 그냥 기본이 아니라 다른 관계를 100%로 만들어주는 기본입니다.

크리스천으로 살아간다는 것, 그리고 크리스천 부모로써 자녀를 가르친다는 것은 부모가 먼저 하나님과의 관계형성에 성공하고 또한 자녀도 성공하도록 가르쳐야함을 의미 합니다. 그러나 한국의 많은 크리스천 부모들은 자녀들에게 신앙보다도 공부를 우선으로 놓는 경우가 많습니다. 매주일 교회 나가서 '아멘, 아멘' 하면서도 고3만 되면 공부가 우선이라며 신앙은 뒷전으로 놓게 합니다. 교회는 잠시 휴학하고, 대학에 입학한 후 복학하라고 하는 부모들이 직분과 상관없이 많은데, 그 아이들이 대학가면 교회에 다시와서 신앙생활하는 아이들이 많던가요? 오히려 신앙과 멀어진 아이들이 많습니다. 그럼, 누가 그 아이의 신앙을 깨뜨렸다고 생각합니까? 인생을 성공시키기 위해 인생 실패 전략을 준 것입니다. 정말로 자녀가 하나님 앞에 바로 서고 진짜 성공을 하길 원한다면 절대로 이런 식으로 신앙을 타협해서는 안 됩니다.

미국에서 유학생활을 하는 아이들 말을 들어보면 애들 표현 그대로 한다면, 유학생들 중에 많은 아이들의 생활이 그렇게 개판일 수 없다고 합니다. 교회를 다니는 애들 중에도 유학만 오면 술, 담배, 섹스, 심지어 마약에까지 빠져서 정신 못 차리고 소중한 인생을 탕진한다고 합니다. 그럴수 밖에 없는것이 부모가 직접 케어해도 말을 안들었다면 철이 덜 든 아이가 혼자 생활하니 방어 능력이 약하기 때문입니다. 그러나 성적보다도 성품, 성공보다도 말씀을 우선으로 교육시킨다면 먼 타지에서 자기들 혼자 있더라도 몸과 마음이 흔들리지 않습니다.

2. 사람들과의 관계

자녀들은 처음에는 가족, 다음에는 친구, 선생님 정도의 좁은 울타리 안에서 관계의 영역을 형성하지만 나이를 먹고 세상에 나갈수록 훨씬 다양한 사람들과 많은 관계를 형성하게 됩니다. 부모가 다양한 관계에 대한 조언자가 되어주고 격려하는 사람이 된다면 자녀들은 세상에 나가서 만나는 사람들과의 관계를 통해 많은 것을 얻게 됩니다. 특별히 이해관계를 초월한 진정한 인간관계를 형성하는 것의 중요성을 알려주는 것이 좋은데, 이것은 세상이 말하는 성공의 지름길이며 10년 이상의 진짜 관계를 맺는 가장 효율적인 방법입니다. 특히 자녀들의 나이에는 무엇보다도 친구들을 경쟁자로 생각하지 않고 함께 돕고 협력하는 교우 관계라는 것을 지속적으로 인식시켜 줘야 합니다.

관계에 있어서만큼은 누구보다도 탁월한 우리 둘째 희찬이는 학창시절에도 친구들 사이에서 분위기메이커로 통했습니다. 분위기가 아무리 심각해도 희찬이만 나타나면 분위기가 금방 화기애애해졌고, 누구하나 따돌리는 아이 없이 서로 어울려 한바탕 난리가 벌어졌습니다.

사실 희찬이는 초등학교 다닐 때 맨날 숙제를 안해가서 복도에서 두손들고 서 있기가 다반사여서 챙피할 정도의 아이였습니다. 그런데 결국 스스로 살 길을 찾았고, 좋은 성공의 본이 되고 있으며, 또 주변 사람까지도 살리고 있습니다. 이처럼 관계성이 좋은 자녀는 결국에는 잘됩니다. 이런 자녀를 둔 부모는 어떤 상황에서도 걱정할 필요가 없습니다. 만약 지금 자녀들이 관계성이 좋지 못하다고 생각되면 점점 심각한 상황에 처해가고 있다는 것을 부모들은 알아야 합니다.

성경에 나오는 관계

성경에는 하나님과 바른 관계를 맺은 사람, 그리고 믿음 안에서 귀한 동역을 하는 많은 사람들의 이야기가 나옵니다. 공통점은 신앙의 고백이 같으며, 사리사욕과 이기심이 아닌 건강하고 선을 행해고자 하는 목적이 있는 방향 안에서의 만남이었습니다.

다윗과 요나단의 만남은 진정한 우정이 어떤 것인지 자기 목숨보다도 상대방을 낮게 여기는 사랑이 무엇인지를 알려줍니다.

바울은 회심 한 뒤에도 많은 사람들에게 의심받고 비난 받았습니다. 그러나 바나바는 바울의 회심을 믿었고, 그의 진심을 사람들에게 알리고자 많은 노력과 희생을 했습니다. 그리고 이 바나바를 통해 바울은 사도로 귀한 쓰임을 받을 수 있었습니다.

그러나 수제자였던 베드로는 주위에 사람이 별로 없었습니다. 그래서 예루살렘에서 리더 역할을 하고 그 역시 나름대로 귀하게 쓰임을 받았지만 화려한 영적 경력에 비해서는 활약이 크지 않았습니다.

이처럼 바른 관계는 사람을 살리며 하나님을 향한 믿음, 하나님이 주신 사랑이 무엇인지를 알게 합니다. 그러나 아나니아와 삽비라처럼 욕심과 이기심이 가득한 사람은 하나님과도, 사람들과의 관계에도 실패하며 결국은 비참한 최후를 맞게 됩니다. 우리 자녀들이 다윗같이, 바울같이 쓰임받기 위해서는 먼저 하나님과의 관계를 중요하게 여겨야 하며, 그 다음 사람과의 관계의 중요성에 대해서 어려서부터 가르치고 노력하게 해야 합니다.

올바른 관계를 형성하는 방법

가끔 지역에서 힘든 상황에 처한 아이들을 찾아가 뭘 베풀면 "아줌마, 이걸 왜 나한테 줘요?"라고 묻는 아이들이 많습니다.

관계의 가장 첫 시작인 받을 줄조차 모르는 아이들이 점점 많아지고 있는 것을 체험적으로 느끼고 있습니다. 도움이 필요한 아이들인데도 친구도 없고 아는 사람이 없다 보니 이렇게 된 것인데 인간은 사회적 동물이기 때문에 그렇게 살아서는 인생을 성공할 수 없고 필연적으로 실패합니다.

그렇기에 지금 우리 자녀가 하나님과, 또 친구들과 올바른 관계를 맺고 있는지 확인을 하고 그럴 수 있는 상황을 조성해주고 가르치는 것이 매우 중요합니다. 그렇기 위해서는 먼저 하나님과의 관계부터 바르게 세우기 위해 노력을 해야 합니다.

1. 하나님과의 관계를 우선시하게 만들어라

하나님과 자녀의 관계는 기본적으로 일대일이기 때문에 부모의 노력으로 만들 수 있는 것은 아닙니다. 그러나 그런 분위기 조성을 위해서 열심히 노력해야 합니다.

다음은 제가 자녀들을 교육하며 신경 썼던 다섯 가지입니다.

1) 영적인 분위기 만들기

교회에서 시작된 예배와 영적인 분위기는 가정에서도 이어져야 합니다. 자녀들이 가정과 교회, 교회에서의 부모와 집안에서의 부모의 모습을 이분법적으로 나누어 생각하지 않도록 적당한 분위기를 조성하십시오.

2) 기도의 삶을 가르치기

하나님과의 영적인 관계가 바르게 서기 위해선 자녀가 직접 하나님과 개인적인 관계를 맺도록 해야 합니다. 그러기 위해선 기도의 습관을 가르쳐야 하며, 매일 조금씩이라도 무릎으로 하나님과 만나는 시간을 갖도록 격려해야 합니다.

3) 말씀으로 무장하게 하기

말씀을 알지 못하고는 하나님을 알지 못합니다. 말씀을 통해 스스로 깨달아야 자녀들이 하나님이 어떤 분이신지 알고 그분을 신뢰하며 건강한 영적인 관계를 맺어 나갈 수 있습니다.

4) 세상을 이기는 믿음을 갖게 하기

영적인 관계가 바르지 못하면 세상에 끌려 다니며 이용당하게 됩니다. 세상에 끌려 다니는 사람이 아니라 세상을 이끌고 정복하는 자녀가 되도록 해야 합니다. 특별히 신앙보다 공부나, 다른 어떤 것도 먼저 위에 놓지 않도록 자녀뿐 아니라 부모님들도 생각과 마음을 조심해야 합니다.

5) 하나님을 존중하는 표현을 하게 하기(예배, 드림,..)

기도와 예배에 대한 표현에는 되도록 높임과 존칭을 사용하며, 수동적인 표현보다는 능동적인 표현을 사용하는 것이 좋습니다. 그리고 자녀에게는 되도록 믿음의 언어를 사용하고 또 자녀도 믿음의 언어를 사용하도록 유도하십시오.

2. 자녀에게 시간을 허락하라

속된 말로 요즘은 아이들이 놀이터에 나가도 같이 놀 애들이 없다고 합니다. 하루에 학원을 5,6개씩 돌리고 집에 와서도 숙제와 공부만 강요하고 있으니 아이들이 마음의 짐을 덜 시간도 없고, 다른 아이들과 어울리며 관계를 맺고 성품을 다져나갈 기회조차 생길 수 없습니다.

물론 다른 아이들이 공부할 때 오히려 놀면서 친구들을 만나면 부모로써는 충분히 불안할 수는 있습니다. 그러나 그 불안함을 떨치고 정말 자녀에게 필요한 교육이 무엇인지 생각하고 결단해야 합니다.

3. 공감대를 형성하는 법을 가르치라

자녀들의 인간관계는 처음에는 또래에 국한되어 있습니다. 그러나 사실 부모와 학교 선생님만 해도 벌써 또래라는 터울로부터는 한참 벗어나 있고, 사회에 나가서 사람을 많이 만날수록 세대와 성별, 인종을 초월해 많은 사람들을 만나게 됩니다. 세대차이를 비롯한 수많은 장벽을 부수고 관계를 맺기 위해서는 공감대 형성이 아주 중요한데, 먼저 가정에서 부모와 자녀의 관계를 통해 공감대를 맺는 방법을 깨달은 아이들은 이후에 어떤 사람들을 만나더라도 부담없이 친근하게 다가갈 수 있습니다.

고등학교 때 유학을 간 둘째아들 희찬이는 영어도 못하는데도 바이올린을 하며 미국 아이들과 어울렸는데, 이 모습을 이 학교의 은퇴한 교장선생님이 매우 눈여겨보고 있었습니다. 그래서 여든이 넘은 할아버지 였음에도 교장 선생님이 먼저 희찬이에게 다가와 대화도 하고 상황도 묻곤 했습니다. 희찬이는 영어가 서툰데 먼저 교장선생님에게 달려가 더더욱 밝게 인사를 했습니다. 심지어는 레슨 때문에 일주일에 한 번씩 따로 만나 영어로 대화를 시도하며 관계를 맺기 시작했습니다.

희찬이는 비록 어린 나이였지만 공감대를 형성하는 방법과 관계를 이어나가는 법을 알고 있었기에 그런 난관을 극복하고 이런 아름다운 결실을 맺을 수 있습니다. 그러므로 먼저 가장 가까운 부모와 자녀 사이의 공감대 형성을 통해 이런 관계의 축복을 일구어 나가는 자녀가 될 수 있도록 훈련을 시켜야 합니다.

관계에는 크고 작은 것이 없지만 우선과 나중은 있습니다. 가장 중요한 영적인 관계를 소홀히 하지 않아야 하며 가장 가까운 사람들부터 관계를 올바로 형성해 나가야 합니다. 관계는 하루아침에 생기는 것도 아니며 생길 수도 없는 것이기 때문에 부모와 자녀의 관계부터 생각해봐야 합니다. 그리고도 자녀의 올바른 관계 형성을 위해서는 지속적인 관심과 격려, 그리고 기도와 노력이 필요합니다. 나를 위해 다른 사람을 이용하려는 이기적인 만남은 제대로 이루어질 수도 없고 유지될 수도 없습니다.

"너희를 불러 그의 아들 예수 그리스도 우리 주와 더불어 교제하게 하시는 하나님은 미쁘시도다"(고린도전서 1:9)

함께 나누기

"밥을 사는 건 단순히 밥이 아닌 사람의 마음을 사는 것이다"라는 말이 있듯이 나보다 남을 위하며 필요한 사람에게 도움을 주는 진짜 투자를 통해 관계를 형성해 나가도록 도우십시오. 이런 투자와 노력으로 쌓인 관계가 나중에 내가 진짜 힘들 때 도와주는 에너지이자 버팀목이 되는 소중한 진짜 관계입니다.

기억에 남는 성공적인, 혹은 실패한 관계에 대해서 이야기하며 함께 원인을 생각해보고, 또한 지금 자녀의 관계에 대해서 어느 정도 알고 있는지, 나와 자녀의 관계는 올바로 형성되고 있는지 대해서 나누어 보십시오.

다음의 질문을 놓고 함께 고민해 보십시오.

❶왜 성적보다도 관계가 성공에 중요한 영향을 미칠까요?

❷성적과 관계 중에 어느 것을 더 중요하게 여기고 있나요?

❸자녀가 관계를 맺는 능력을 키우기 위해 어떤 도움을 줄 수 있을까요?

❹자녀가 성장한 미래 시대에도 여전히 관계가 중요할까요?

❺개인적인 경험으로 관계의 중요도는 얼만큼인가요?

4

기도

기도지수 체크리스트

아래 질문에 「매우 그렇다」면 ( )안에 10을, 「매우 그렇지 않다」면 0을 표시하되, 그 사이는 본인이 적당한 점수를 쓰십시오.

01	하루에 정기적으로 기도하는 시간이 있다.	
02	식사 기도는 절대로 빼먹지 않는다.	
03	지속적으로 기도하는 제목이 있다.	
04	기도 노트를 가지고 있다.	
05	다른 사람을 위해 기도를 하고 있다.	
06	온 가족이 기도 제목을 공유하고 있다.	
07	온 가족이 함께 모여 기도하는 시간이 있다.	
08	무슨 일이 있을 때 기도부터 시작하는 편이다.	
09	간구하는 기도만큼 듣는 기도를 열심히 한다.	
10	기도는 하나님과의 대화라고 정말로 생각한다.	
※ 위에 기록한 점수를 합산하십시오. 그 점수가 기도지수(%)일 수 있으나, 정확한 것은 아니니 참고만 해 주십시오.		

미국 버지니아 주에 존 영이라는 흑인 농부가 있었습니다.

이들 부부는 초등학교도 나오지 않은 교육을 전혀 받지 못한 사람들이었으나 자녀를 14명이나 낳았습니다. 마을 사람들은 아는 것도 없는 사람이 자녀 교육을 제대로 시킬 수 있을지 의구심을 가졌고, 행여 가난한 형편에 애들이 굶어 죽지는 않을지 걱정했습니다.

그러나 이들 부부는 다른 건 몰라도 하나님을 향한 분명한 믿음이 있었습니다. 집 안 거실에 가장 잘 보이게 '이 집의 뿌리는 하나님이시다'라고 적은 가훈을 걸어놓았고, 아는 건 없어도 성경은 열심히 읽고 가르쳤습니다. 그리고 끼니를 거를 위기에 처하거나 자녀들이 아플 때마다 언제나 무릎을 꿇고 간절히 기도했습니다.

그 결과 존 영의 자녀들에게 많은 위기는 있었지만 극복하지 못했던 순간은 한 번도 없었습니다. 집에 불이 나도 기적적으로 자녀들이 모두 탈출했고, 전염병이 돌아 다 같이 병원에 입원을 했지만 곧 모두 회복되었습니다. 그리고 더욱 놀라운 것은 이들 자녀가 모두 대학을 졸업했고, 그 중에는 코넬대학교 같은 명문 대학교의 교수가 된 사람도 있었습니다.

세상 사람들의 눈에는 위 예화에 나오는 부부의 자녀는 매우 불행할 수밖에 없는 환경입니다. 그러나 가진 것도 없고, 배운 것도 없는 최악의 환경이라 하더라도 기도에는 그것을 모두 덮고도 남을 능력이 있습니다.

기도는 자녀의 미래를 위한 귀한 에너지이며 좋은 열매를 맺게 해주는 유일한 자양분입니다. 그러므로 더욱 귀한 명품으로 쓰임 받는 자녀로 키우고 싶다면 더욱 열심히 기도해야만 합니다. 물론 자녀를 위해 기도를 안 하는 부모가 어디 있겠습니까만은 그래도 더욱 결심하고 실천해야 합니다. 세상적인 환경의 불리함을 뛰어넘을 수 있는 유일한 방법은 자녀를 향한 부모의 기도이기 때문입니다.

미국의 백화점 왕 워너메이커는 철저하게 주일을 지키고 또 경영자의 자리만큼 주일학교 교사의 자리를 귀하게 여겼습니다. 이 워너메이커에게 누군가 주일학교 교사 일을 하면서 가장 인상 깊었던 일이 무엇이냐고 물었는데, 워너메이커는 이렇게 답했습니다.

"제가 부장을 맡고 있을 때 교회에 다니는 존이라는 문제아가 있었습니다. 이 아이는 부모에게 거의 강제로 끌려오다시피 해서 교회 출석은 종종 했지만 태도가 영 좋지 않았습니다. 예배 시간에는 거의 눕다시피 앉아있고 무엇이든 자기 맘에 안 들면 욕을 하고 소리를 질렀습니다. 심지어 선생님에게도요. 그걸 말리려고 하면 더 미친 듯이 난동을 피워서 아무도 그 아이를 건들지도 않았고, 또 맡으려고도 하지 않았습니다.

　한 번은 교사들이 모여서 회의를 하는데 다른 아이들을 위해서 존을 교회에서 내보내면 어떻겠냐는 의견이 나왔습니다. 대부분 동의를 했는데, 한 여자 선생님이 절대로 그래서는 안 된다고 말했습니다. 그리고 모든 것은 자기가 책임질 테니 존을 자기 반에 보내달라고 하더군요.

　그런데 바로 다음 주일에 존이 다른 학생과 싸움을 일으켰습니다. 이 장면을 목격한 여선생님은 존을 말렸지만 존은 욕을 하고 오히려 선생님을 밀쳤습니다. 하지만 그 선생님은 다시 일어나 존을 안으며 말했습니다. '존, 나는 너를 정말로 사랑한단다. 매일 널 위해 기도하고 있어.' 그리고 다음 주에 그 선생님을 존을 위해 직접 뜬 옷과 정성스레 쓴 편지를 가지고 왔습니다.

　3달도 지나지 않아 존은 변화되었습니다. 존은 그 선생님을 찾아가 울면서 사과를 했고, 완전히 다른 사람이 되었습니다. 사랑의 기도는 사람을 변화시킨다! 이때 저는 이 사실을 깨달았습니다.”

　사랑의 기도는 정말로 힘이 있습니다. 아이들을 정말로 사랑한다면 안아주고, 기도해주고, 또 기도를 가르쳐 줘야 합니다.

기도의 정의

기도는 자녀의 인생을 명품으로 만들어주는 유일한 방법입니다.

저 역시 돈 한 푼 안들이고 사교육 없이 두 아들을 모두 해외 명문대에 유학을 보낼 수 있었던 것은 바로 기도 때문이었습니다. 신앙을 심어주고 자녀를 위해 기도하는 것이 엄마가 자녀를 위해 할 수 있는 최고의 교육방법입니다.

그렇기에 모든 크리스천 부모들은 자녀들을 위해 매일 같이 빠짐없이 기도하고 또한 자녀를 기도하는 사람으로 만들고 싶은 마음이 있지만 현실은 그리 녹록치 않습니다. 기도의 방법도 제대로 모르겠고, 기도 시간이 기쁨보다는 지루함과 부담으로 다가오고, 응답의 여부도 확인하기가 쉽지 않기 때문입니다. 그러나 기도에 대해서 바르게 알고 바르게 가르치면 기도를 통해 하나님과 진정으로 교제하는 기쁨을 부모와 자녀가 함께 알아가며 응답받아 넘치는 기쁨이 가정에 임하게 됩니다.

기도의 문자적 의미는 '간청하다, 요청하다, 구걸하다'라는 뜻입니다. 사전은 그 대상을 '인간보다 능력이 뛰어난 초월적 존재'라고 규정을 하고 있는데, 바로 하나님이 그 대상입니다. 그러나 다른 종교와는 달리 기독교의 기도는 분명 다른 뜻을 나타내는데, 그 유형과 방법에 있어서 일반적인 종교들의 기도와 어원과 유래도 많이 다릅니다.

기도는 사람의 호흡과 같은 것입니다.

호흡이 힘들고 뭔가 어려움을 느끼기 시작하면 그만큼 몸에는 이상이 생겼다는 뜻입니다. 말씀은 양식이고 기도는 호흡입니다. 말씀이 중요한만큼 기도도 중요합니다. 기도는 호흡이기에 호흡이 힘들어지면 생명이 위독해집니다.

기도의 유형과 방법

일단은 기도의 문자적인 의미에 대해서 조금 살펴보겠습니다. 기도는 하나님과의 대화이며 자신의 마음을 토해놓는 간절함으로 하는 것이지만 대부분 기도라는 것에 대해 막연한 생각을 가지고 있기 때문에 성경이 말하는 기도에 대해서 먼저 살펴보겠습니다.

성경에 나오는 기도는 라틴어 '프레카리'라는 말에서 나왔는데, 우리가 흔히 아는 기도의 일반적인 뜻인 '간구하는 것, 구하는 것'이라는 뜻을 갖고 있습니다. 그러나 신약과 구약에서는 이 기도가 서로 다른 여러 뜻으로 나뉘어 사용됐습니다. 사전에 보니 구약에서는 크게 다음의 다섯 가지 유형의 기도가 나옵니다.

1. 팔랄: 중재, 중보의 기도
2. 텔라: 무릎을 꿇는 간절한 기도
3. 베아: 뜻을 묻고 구하는 기도

4. 아타: 어떤 것을 간절히 구하는 기도

5. 샤알: 평화와 평안을 구하는 기도

신약의 기도는 구약과는 또 약간 다른 의미를 가진 다음의 네 가지 유형의 기도가 나옵니다.

1. 뉴코마이: 하나님을 향해 드리는 서원의 기도

2. 디오마이: 무언가를 원하는 기도

3. 에로타오: 뜻을 묻는 간구의 기도

4. 파라칼레오: 요청하는 기도.

우리가 그냥 무의식적으로 드리는 기도지만 성경을 찾아보면 이처럼 다양한 뜻을 나타내고 있습니다. 그러나 기도의 의미에 대해서 모두 아는 것보다 더 중요한 것은 바로 이런 다양한 기도의 대상이 오직 하나님이며, 기도를 통해서 내가, 그리고 나의 자녀가 하나님과 하나가 되는 것을 체험하는 것입니다. 그리고 일차적인 목적이라는 걸 주시하는 것입니다. 기도의 가장 큰 목적은 간구, 응답, 이적 체험보다도 하나님과의 연합을 체험하는 것입니다.

신학자 조지 버트릭은 "참된 기도는 신앙을 바탕으로 하며, 주술적인 성향을 나타내기보다 하나님의 뜻과 목적에 부합한다"는 말을 했습니다. 그는 말씀을 연구해 **기도에 필요한 다섯 가지 단**

계를 만들었는데, 다음 단계를 참고하면 방향을 잃지 않는 기도 생활을 이어나가는 데에 큰 도움이 됩니다.

① 감사의 단계 : 하나님을 향해서 감사하는 마음을 먼저 전한다.

② 참회의 단계 : 지은 죄를 깨닫고, 잘못을 뉘우치며 회개를 한다.

③ 중보의 단계 : 이웃과 형제의 아픔과 문제들을 놓고 하나님께 기도한다.

④ 간청의 단계 : 나에게 필요한 것을 간절이 구한다.

⑤ 묵상의 단계 : 내가 드린 기도에 대한 하나님의 음성에 귀를 기울인다.

기도는 듣는 동시에 말하는 것이고, 말하는 동시에 듣는 것입니다. 어려서부터 자녀의 기도가 위의 다섯 단계가 잘 자리 잡도록 도와주고 그 의미를 잘 설명해준다면 기도가 생각만큼 어렵지 않고 하나님을 알아가는 즐거움을 깨닫는 믿음의 습관이 됩니다.

그러나 이런 문자적인 의미보다 더욱 중요한 것은 자녀를 향한 부모의 간절한 마음이 담겨 있는 기도이며, 심중의 모든 문제와 약함을 토해내는 진실한 기도입니다. 이런 기도를 드릴 때에 하나님의 응답을 분명하게 체험할 수 있으며 그 믿음을 통해 더더욱 기도를 붙잡고 의지하게 됩니다.

제 큰 아이는 태어나자마자 호흡에 문제가 있어서 뇌에 약간 이상이 생길 수도 있는 상황이었습니다. 병원에서는 이대로 두면 생명이 위험하기 때문에 특수한 기계를 써야 하는데 그 기계를 사용하면 뇌손상이 생겨서 실명을 하거나 다른 종류의 장애를 평생 갖고 살 수도 있다고 했습니다. 부모로써 정말 고민이 되는 순간이었지만 그래도 일단 살리는 게 낫다는 생각에 기계를 쓰기로 했는데, 그래도 7살이 될 때까지는 언제든 위험해질 가능성이 있기에 정말 몸부림을 치며 생명을 걸고 기도에 매달릴 수밖에 없었습니다.

당시 저의 상황은 정말로 비참과 비천함에 처해있던 때였습니다. 반대하는 결혼을 억지로 해서 친정과도 단절된 상태였습니다. 가난한 신학생과 결혼했다고 친구들과도 모두 연락이 끊긴 상황이었습니다. 그 모든 걸 감수하고 했던 결혼인데 첫 아이까지 이렇게 태어나니 정말 가슴이 찢어지는 고통속에서 매순간을 살았고 성경에 나오는 한나보다 더한 아픔과 슬픔이 제 삶 속에 있었습니다.

그런데 이상하게도 그럴수록 기도를 더 하고 싶었습니다. 그리고 제 기도를 하나님이 분명히 들어주실 것이라는 확신이 있었습니다. 기도를 하면서도 마음이 불안하지 않았고, 비록 눈앞의 상황은 그러지 못할지라도 자라면서 아이도 온전해질 것이라는 희망이 생겼습니다.

그렇게 1년, 2년이 지나면서 아이가 실제로 호전되기 시작했고 그로 인해 저는 더더욱 간절히 기도했습니다. 내 기도를 들으시는 전능한 엘 샤다이 하나님이라는 것을 응답을 통해 더더욱 깨닫게 하셨습니다. 비록 20살이 될 때까지는 말도 조금 어눌하고 어렸을 때의 후유증에서 완전히 벗어난 것인지 조금 헷갈릴 정도였지만 성인이 돼서는 다른 영재들보다도 훨씬 뛰어난 실력을 보였고 월반을 할 정도로 아무런 문제가 없었습니다.

이 모든 것이 결국 기도의 힘입니다. 기도에는 간절한 마음에 더해서 위선과 가식이 없는 진실함이 있어야 합니다. 오로지 자녀를 생각하며 무릎을 꿇고 눈물을 흘릴 때 자녀들도 이 기도를 보고 하나님을 깨달으며 자신의 삶의 주인이 누구인지를 잊지 않게 됩니다. 자기보다, 그리고 엄마보다 자기를 더 잘 아는 분이 하나님이심을 분명히 깨닫게 됩니다. 지금도 우리 두 자녀들이 외국생활에서 수 많은 달콤한 유혹 속에 절대로 넘어가지 않는 이유에 대해서 이렇게 이야기 합니다.

"엄마, 우리라고 그런 유혹이 없겠어요? 여기 오면 특히나 더 해요. 그러나 우리가 이렇게 잘 된 것은 모두 기도의 힘이라고 생각하고, 그런 유혹이 생기다가도 엄마 아빠의 기도하는 모습이 떠올라 도저히 그러고 싶어도 그럴 수가 없어요."

지금 드리는 부모의 기도가 별 거 아닌 것 같지만 결국 탈선의 위기, 사탄의 유혹이 찾아올 때는 그 기도의 모습이 자녀의 마음을 움직입니다. 그렇기 때문에 더욱 위선과 가식이 없이 기도를 해야 합니다.

성경에 나오는 기도

성경에서 하나님께 쓰임 받는 사람들은 모두 기도의 사람들이었습니다.

다니엘은 왕의 명령을 어기면서까지 생명을 아끼지 않고 기도의 시간을 지켰고, 에스더는 기도로 힘을 얻고 죽을 각오로 왕의 앞에 나아갔습니다.

느헤미야는 황폐화된 예루살렘을 재건시키고자 하는 중한 마음이 있었고, 그럴만한 위치에도 있었지만 먼저 기도를 한 뒤에 자신의 계획을 실행시켰습니다.

예수님도 새벽 미명에 기도하셨고, 땀이 피같이 될 정도로 간절히 기도하셨습니다.

"이르시되 기도 외에 다른 것으로는 이런 종류가 나갈 수 없느니라 하시니라"(마가복음 9:29)

기도는 하나님과의 교제이며 능력을 체험하는 가장 확실한 방법입니다. 믿음의 사람은 기도하는 사람이며 기도하는 사람은 기적을 체험합니다. 자녀의 미래를 위해 가장 확실한 방법은 성경

속의 인물들처럼 기도하는 습관을 가진 사람으로 만들어주는 것입니다.

기도의 습관을 들이는 방법

기도의 중요성을 알고 있음에도 그것을 나와 자녀의 삶에 적용하는 것은 쉬운 일이 아닙니다. 그것은 절박함이 없거나 자녀에게 조금 더 깊은 관심이 없어서일 수도 있습니다.

저의 두 자녀는 지금은 잘 됐지만 어렸을 때만 해도 제 눈에는 전혀 희망이 보이지 않았습니다. 아무리 머리를 굴려도 계산이 안 됐고, 소위 말하는 답이 나오지 않는 상황이었습니다.

한 놈은 말도 어눌하고 뭔가 좀 매사가 느리고, 한 놈은 도대체 놀기만 좋아하고...

그래도 하나님의 눈으로 볼 수 있게 해달라고 기도하며 늘 좋아하는 말씀인 베드로전서 5장 7절 말씀을 붙들었습니다.

"너희 염려를 다 주께 맡기라 이는 그가 너희를 돌보심이라"(베드로전서 5:7)

그 힘으로 지금까지도 계속 기도를 이어올 수 있었고 응답을 받을 수 있었습니다.

기도는 이렇게 중요한 것이며 실제적인 힘을 가진 것입니다. 그렇기에 기도의 습관을 들이기 위해서는 조금 더 구체적인 방법으로 계획적으로 실행을 해야 합니다.

다음의 내용을 읽고 자녀들에게 때때로 설명을 해주면 큰 도움이 될 것입니다.

1. 진실하게 해야 합니다.

기도는 하나님께 드리는 나의 고백입니다. 그러므로 화려하고 어디서 들어본 듯한 미사여구보다는 나이와 상황에 맞는 진실한 언어로 해야 합니다. 반드시 몇 분 이상 해야 한다는 압박감도 줘서는 안 됩니다. 물론 듣기에 아름다운 말로 오랜시간 기도를 드리면 좋겠지만 그것은 저절로 나오는 것이어야지 남을 따라하거나 그렇게 해야 된다고 생각을 해서 나오면 안됩니다.

기도는 하나님께 나의 모든 것을 속 시원하게 고백하는 것입니다. 그것을 제일 잘한 사람이 다윗입니다. 다윗은 가장 정직한 기도를 드렸고 하나님은 그것을 기쁘게 받으셨습니다.

"악인의 제사는 여호와께서 미워하셔도 정직한 자의 기도는 그가 기뻐하시느니라"(잠언 15:8)

기도는 대화처럼 그냥 말하는 것입니다. 마치 아빠나 엄마에게 나의 마음을 털어놓는 것처럼! 그래서 기도는 언제나 가식이나 위선이 있으면 안 됩니다.

"또 너희는 기도할 때에 외식하는 자와 같이 하지 말라 그들은 사람에게 보이려고 회당과 큰 거리 어귀에 서서 기도하기를

좋아하느니라 내가 진실로 너희에게 이르노니 그들은 자기 상을 이미 받았느니라"(마태복음 6:5)

진실한 기도를 위해서 자녀들에게 다음의 세 가지 방법을 알려주십시오.

1) 지금 나의 상황의 고백하라
2) 마음의 아픔까지도 고백하라
3) 무엇보다도 진실하게 고백하라

2. 계획을 세워 끈질기게 해야 합니다.

우리는 성경 누가복음 18장에서 불의한 재판장과 한 과부의 간청 이야기를 압니다. 하도 요청하니 번거롭게 할 것이 두렵고 지겨워서라도 그들의 간청을 들어 준다는 이야기입니다.

엘리야의 7번까지 사환을 시키는 기도가 우리에게는 필요한 것입니다.

그래서 일주일을 기준으로 기도의 시간은 언제 어떤 방식으로 가져야할지 구체적으로 계획을 세워야 합니다.

1) 1주일에 3번, 교회 새벽예배, 가정예배, 잠들기 전 등과 같이 최소한으로 지킬 시간과 방법을 정하십시오.
2) 기도제목과 응답여부를 기록하는 노트를 만드십시오.
3) 함께 기도제목을 공유하고 중보할 수 있는 동역자를 만드십시오.

3. 부모가 직접 본을 보여야 합니다.

자녀에게 기도의 습관을 가르치는데 가장 중요한 부분임을 기억하십시오. 사자굴에 갈지언정 기도를 멈추지 않았던 다니엘처럼 자녀를 위해, 우리 가정을 위해, 주변의 이웃을 위해, 나라와 민족을 위해, 세계 복음화를 위해 기도하는 엄마, 아빠가 자녀의 마음을 변화시키고 인생을 변화시킵니다.

10대 때부터 인생을 오로지 즐기려고만 하며 방탕하게 삶을 사는 아들을 둔 어머니가 있었습니다. 이단에 빠지고 여자와 동거를 하며 사생아를 낳고, 그러면서도 다른 여자들을 만나러 다니는 아들을 위해 어머니는 매일 기도했지만 1년이 지나고, 2년이 지나고, 3년이 지나도… 아들은 돌아오지 않았습니다. 그러나 어머니의 기도는 계속 이어졌습니다.

그렇게 10여년이 넘게 기도가 이어졌는데도, 무엇하나 나아지는 것이 보이지 않자, 그녀는 당시 유명한 목회자였던 암브로스를 찾아가 안타까운 마음을 털어 놓았습니다.

그러자 암브로스는 이렇게 말했습니다.

"자매님, 너무 염려하거나 낙심하지 마십시오. 눈물로 기도하는 어머니의 자녀들은 결코 망하지 않습니다. 계속 기도 하십시오."

그 어머니는 그 말대로 계속 기도했고, 그 아들은 드디어 예수님을 구세주와 주님으로 믿게됐으며, 하나님께 크게 쓰임받는 유명한 철학자와 신학자가 됐는데, 그는 시대를 초월한 위대한 두 작품 〈고백록〉과 〈하나님의 도성〉을 남겼습니다.

그는 어거스틴이고, 그의 어머니는 모니카입니다.

어거스틴은 늘 이렇게 말했습니다.

"오늘의 내가 된 것은 어머니의 기도 때문입니다. 나는 이 사실을 주저없이 인정합니다."

자녀를 위해 기도하는 엄마, 아빠가 있는 한 그 자녀는 결코 망하지 않습니다. 왜냐면 하나님이 그 기도를 들으시고 지켜주시기 때문입니다.

자녀가 지금 어떤 상황이라도, 여러분이 기도하는 한 여러분의 자녀는 잘 될것을 믿으십시오.

"너희가 기도할 때에 무엇이든지 믿고 구하는 것은 다 받으리라 하시니라"(마태복음 21:22)

　기도는 누구에게 공치사 할 일도 아니고 자랑할 일은 더더욱 아닌 나와의 영적 싸움입니다. 기도하는 엄마, 아빠가 된다는 것은 자녀에게는 엄청난 응원군이 되는 것이고 하나님의 명품을 만드는 길이 됩니다. 또한 이런 엄마 밑에서 보고 자란 자녀는 자연스럽게 기도의 사람으로 성장합니다.

　다윗 이후 솔로몬을 하나님이 버리려하다가도 그 아비 다윗을 인하여 내가 그를 버리지 않겠다고 말씀하신 것은 기도가 그만큼 중요하기 때문입니다.

　기도의 중요성을 깨달은 때와 지금의 기도생활을 평가해보고 앞으로의 기도생활을 어떻게 꾸려나갈 것인지 본문의 내용을 참고하여 자유롭게 토론해보십시오.

　다음의 질문을 놓고 함께 나눠 보십시오.

❶ 기도를 중요하게 생각하는 만큼 기도하고 있습니까?

❷ 기도의 본래 목적은 무엇이라고 생각하십니까?

❸ 응답받은 기도들에 대해서 서로 나누십시오.

❹ 기도가 응답받지 못했을 때는 어떻게 받아들이십니까?

❺ 부모와 자녀가 함께 기도하는 시간을 어떻게 만들겠습니까?

5

상처

마음의 상처지수 체크리스트

아래 질문에 「매우 그렇다」면 ( )안에 10을, 「매우 그렇지 않다」면 0을 표시하되, 그 사이는 본인이 적당한 점수를 쓰십시오.

01	자녀의 모습에서 어린 시절 나의 모습이 보인다.	
02	문득 과거의 일들로 기본이 언짢을 때가 있다.	
03	과거의 경험으로 인해 트라우마를 겪고 있다.	
04	특정 상황에 대해서 필요 이상으로 민감하게 반응한다.	
05	때로는 나 자신의 행동이 이해가 안 될 때가 있다.	
06	다른 사람에게 나의 속마음을 털어놓기가 꺼려진다.	
07	가끔씩 전문가에게 상담을 받고 싶을 때가 있다.	
08	완벽한 모습을 위해 나의 약점이나 부끄러움을 숨긴 적이 있다.	
09	누구나 마음의 상처를 가지고 살아가는 것이라고 생각한다.	
10	부모님과의 관계가 별로 좋지 않았다.	
※ 위에 기록한 점수를 합산하십시오. 그 점수가 상처지수(%)일 수 있으나, 정확한 것은 아니니 참고만 해 주십시오.		

청소년 성교육 상담가이자 전문가인 구성애 씨는 한 때 우리나라에서 모르는 사람이 없을 정도로 인기 있는 강사였습니다.

그러나 구성애 씨는 어린 시절 성폭력 피해자였습니다. 구성애 씨는 어린 시절에 당한 성폭행으로 마음에 큰 상처를 입고 살았습니다.

지금 그녀의 솔직하고 밝은 모습이라고는 상상할 수도 없을 정도로 비참한 삶을 살았는데, 이때의 상처로 죽을 생각도 하고, 큰 분노를 마음에 품고 살아 심지어는 성폭행을 저지른 남자를 죽이려고 실제로 범행계획을 세울 정도로 불안한 심리생태를 품고 청소년기를 보냈습니다. 그러나 이런 마음의 상처를 용서라는 방법을 통해 해결하게 되었고 이후로 그녀의 인생은 완전히 달라졌습니다.

누구보다 마음의 상처의 좋지 않은 영향력을 체험한 그녀였기에 그 상처를 극복한 지금은 자기와 같은 피해자가 더 나오지 않도록 아이들에게 바른 성을 알려주고 교육하는 일로 많은 청소년들의 마음의 상처를 예방하고 또 치유할 수 있는 일을 하게 된 것입니다.

마음의 상처는 나의 의지와 상관없이 일어나는 일들 때문에 받게 됩니다. 그러나 반대로 그 상처를 치유할 수 있는 것은 스스로의 의지입니다. 또한 그 의지를 부모가 대신할 수 있습니다. 부모를 통해 마음의 상처를 이길 힘을 얻은 자녀들은 마음의 상처를 이겨내는 방법 역시 배워갑니다.

　미국 뉴멕시코 주의 한 가난한 흑인 가정에 랄프 번치라는 소년이 있었습니다.

　학교는 어떻게든 다녔지만 집이 워낙 가난해 도시락도 제대로 못 싸가고 준비물도 제대로 못 가져가 매일 놀림을 당하던 소년은 심지어 12살 되던 해에 부모님이 연달아 돌아가셨습니다.

　아버지가 돌아가신 뒤 얼마 되지 않아 어머니까지 위독해져 세상을 떠나기 전에 랄프는 침대 맡에서 임종을 지켜보고 있었습니다. 어머니는 병으로 매우 힘들어하던 상황이었지만 미소를 잃지 않고 마지막 힘을 짜내 유언을 남겼습니다.

　"랄프야, 우리 집이 너무 가난해 너에게 물려줄 것이 아무것도 없구나. 하지만 앞으로 어떤 시련이 찾아온다 하더라도 믿음과 소망, 그리고 사랑을 잃지 말거라. 하나님이 언제나 너와 함께 하신단다."

　앞으로의 인생을 혼자 살아가야 한다는 불안감과 어머니를 잃는다는 슬픔에 정신을 차릴 수가 없었던 랄프는 어머니의 유언을 통해 가까스로 정신을 차렸고 앞으로 어떤 고난이 있다 하더라도 용기를 잃지 않고 헤쳐 나가겠다고 어머님께 약속했습니다.

　랄프는 이후 할머니 밑에서 자라면서 열심히 공부를 했습니다. 가난한 환경과 인종차별로 인해 몇 번이나 학업을 그만둘 위기를 맞았지만 그때마다 어머니의 마지막 유언을 기억하고 이겨 내었습니다. 소년은 곧 명문대에 진학을 했고, 정치인이 되었고, 외교관이 되었습니다. 그리고 UN사무총장의 자리에까지 올라 흑인 최초의 노벨 평화상 수상자가 되었습니다.

랄프 번치는 누구보다도 마음의 상처를 많이 받으며 자랐습니다. 그렇지만 가난할지라도 희망을 잃지 않고 마지막 순간까지 믿음과 사랑을 전해주던 어머니 덕분에 그 모든 상처를 싸매고 이겨나갈 수 있었습니다.

반대로 히틀러는 아버지가 돌아가시고 자기를 버리고 유태인과 눈이 맞아 떠난 어머니를 증오하며 알코올중독자인 숙모 밑에서 자랐습니다. 어렸을 때의 순수하고 호기심 많던 히틀러는 거듭 마음의 상처를 받으며 증오심을 키워갔고 결국 세계대전을 일으키며 많은 사람들과 어머니에 대한 복수 때문인지 유태인을 엄청나게 학살하는 만행을 저질렀습니다.

마음의 상처는 크던 작던 누구나 받으며 살아갈 수밖에 없습니다. 그러나 그 상처를 제대로 치료하고 극복하지 못하면 결국엔 인생을 비참하게 만들고 다른 사람들의 인생까지 안 좋은 영향을 끼칩니다.

반대로 아무리 큰 상처를 받았다 하더라도 부모의 사랑과 하나님을 향한 믿음으로 그것을 이겨낸다면 그 어떤 상처도 이겨낼 수 있고, 그 상처를 극복함으로 통해 더 큰 꿈과 선행을 이루어낼 수 있습니다. 우리 자녀들의 마음에 있는 상처도 더 늦기 전에 부모님의 사랑으로 다가가야 하며 하나님을 향한 믿음을 통해 싸매 주어야 합니다.

마음의 상처의 정의

마음의 상처는 아이 어른 따질 것 없이 가장 많이 힘들어하고 괴로워하는 문제입니다.

교육학자인 폴 우드와 버나드 슈월츠 박사에 따르면 아이들은 말도 못하는 2살 때부터 부모와 다른 사람들이 자기를 대하는 말이나 행동을 민감하게 파악하며 상처를 받거나 안정을 찾는다고 합니다.

그렇기에 특히나 사춘기의 민감한 자녀를 둔 부모들은 더더욱 조심해야 합니다. 마음의 상처가 곪지 않도록 잘 처리하고 치유할 줄 알아야 어린 시절부터 잘못된 길로 빠지지 않고 좋은 성품을 가지고 하나님이 바라시는 훌륭한 인재로 성장하게 됩니다.

그러나 마음의 상처를 잘 치유하지 못하면 상처가 곪아 터지게 됩니다. 그리고 자녀의 상처가 부모에게, 부모의 상처가 자녀에게 옮겨집니다.

저는 자녀가 초등학교 다닐 때까지 자녀들에게 옷을 사 준 적이 없었습니다. 형편이 어려워 매번 성도들에게 받아서 입히다 보니 아무리 수선을 해도 영 품새가 안 났는데, 아침에 애들 학교 가는 모습을 뒤에서 바라보면 시골에서 일하러 가는 인부처럼 보였습니다. 앞에서 말했듯이 그 생각이 들자 가족의 반대에도 고집을 피워 결혼을 했던 일, 친구들이 가난한 신학생이랑 왜 결혼하냐고 했던 소리 등이 떠오르면서 저에게 큰 상처가 되었고, 또 자녀들은 학교에서 나름대로 놀림을 받으며 큰 상처를 받았습니다.

지금도 그때 일을 생각하면 눈물이 날 정도로 가슴 아픈 사연이지만 저와 자녀들은 이 상처를 서로 공유하며 극복해냈기에 서로의 사정을 이해하며 오히려 부모와 자녀와의 관계가 더욱 돈독해질 수 있었습니다.

부모가 먼저 마음의 상처를 잘 다루는 법을 익히지 못하면 자녀의 마음을 제대로 어루만져 줄 수 없고, 그러면 어린 시절 받았던 마음의 상처로 인해 장성한 뒤에도 부정적인 영향을 받게 됩니다. 그러나 힘든 일을 어린 시절에 겪더라도 그 상처를 싸맬 방법을 알고 이겨낼 힘이 무엇인지 안다면 그 상처를 발판삼아 더욱 훌륭하게 성장할 수 있습니다.

상처라는 영어단어 'SCAR'에서 C하나만 T로 바꿔도 'STAR'가 됩니다.

하늘의 별이 빛나는 것은 밤이 어둡기 때문입니다. 마음의 상처를 제대로 극복할 때 저 하늘의 별과 같이 세상에서 빛나는 인생을 살아가게 됩니다. 그런 자녀를 만들기 위해서 부모가 먼저 마음의 상처를 극복하는 법을 알아야 합니다.

"지금 나도 이렇게 힘든데…"
"나에게도 많은 상처가 있는데…"
이런 생각이 들어도 너무 걱정할 필요 없습니다.

성경에 나오는 한나도 아이를 낳지 못해 남편의 다른 아내인 브닌나로부터 조소와 경멸을 당해 많은 서러움을 겪었습니다. 그러나 그런 원한과 원망을 하나님께 내어놓음으로 죄를 짓지 않고 소원을 이루었고, 사무엘이라는 선지자를 길러내 하나님이 바라시는 명품으로 자녀를 만들었습니다. 제 아

무리 힘들고 어려운 상황 가운데 처해 있고, 또 상처를 받고 있다 하더라도 믿음이 바로 서 있고, 극복하고자 할 의지만 있다면 방법이 있습니다.

마음의 상처의 유형과 원인

상처는 누구나 받는 것이고 돌발적으로 일어나는 일입니다. 그래서 상처를 받지 않고 사는 것은 쉬운 일이 아니며 가능한 일도 아닙니다. 그렇기에 먼저 다양한 유형의 마음의 상처에 대해서 알고 원인을 파악하는 것이 마음에 생긴 상처를 후유증 없이 치

료하는 선결과제입니다.

잠언 17장 22절에서 이런 말씀이 나옵니다.

"마음의 즐거움은 양약이라도 심령의 근심은 뼈를 마르게 하느니라"

여기서 심령의 근심이 곧 마음의 상처를 말합니다. 뼈를 마르게 할만큼 고통스러운 것이 마음의 상처입니다. 마음의 상처를 다스리고 건강한 마음으로 자녀를 기르고자 하는 어머니의 마음이 정말로 중요합니다.

마음에 남는 상처의 유형은 과거와 현재 시제로 구분됩니다.

1. 과거

과거에 받은 상처는 이미 받은 상태로 오랜 시간을 살아왔기 때문에 별거 아닌 것처럼 여길 수 있으나, 그런 자각과는 달리 이미 삶에 부정적인 영향을 미치며 끊임없이 고통을 주며 영향력을 행사하고 있습니다. 이런 과거의 상처는 보통 누구로부터 받은 것인가가 가장 중요한 영향을 끼칩니다.

1) 부모나 가정으로부터 받은 상처

가장 가까운 부모와 식구들로부터 받은 상처는 평생을 따라다니며 잠재적으로 영향을 미칩니다. 그래서 많은 교육학자와 아동학자들은 하나같이 자녀들의 어린 시절의 가정환경이 중요하다는 이야기를 자주 합니다. 가장 먼저 학습된 어린 시절의 상처는 쓴 뿌리처럼 남아서 삶을 흔들기도 합니다. 그렇기에 가장 가까운 가족일수록 말이나 행동을 더욱 조심하며 신중할 필요가 있습니다.

'마더쇼크'라는 다큐멘터리에 따르면 최근 30대의 엄마들의 25%는 유년시절의 아픔을 숨긴 채 살아가고 있다고 합니다. 그런데 이런 상처가 남아있는 경우 타인의 상처에 공감하고 이해하는 '거울 신경세포'를 결핍하게 만듭니다. 이 능력이 부족하면 자녀가 나에게 상처받는 이유를 알지 못하고 내가 부모에게 받은 상처를 그대로 물려준다는 말이 됩니다. 엄마의 딸에게 대물림되는 확률은 70-80%라고 합니다. 그렇기 때문에 지금 자녀의 행동에 문제가 있다고 느낀다면 먼저 부모인 나를 되돌아봐야 자녀의 문제를 해결할 수 있습니다. 내 마음의 상처를 바로 잡아야 자녀의 마음의 상처를 바로잡을 수 있습니다. 그렇지 않으면 위로부터 시작된 이런 마음의 상처들이 나의 자녀, 그리고 그 자녀, 그 자녀에게까지 이어지게 되기 때문입니다.

2) 친구나 환경의 변화로부터 받은 상처
사회성을 형성하며 가장 가까운 사람이라고 느끼게 되는 친구로부터 받은 상처는 사람을 기피하게 만들고 급격한 환경의 변화로 인한 상처는 삶을 움츠리게 합니다. 이런 상처가 마음에 있는 사람들은 사회성에 심각한 영향을 받으며 사람을 경계하게하고 새로운 변화를 두려워하는 성향을 나타냅니다.

3) 잘못이나 실수로 인해 각인된 상처

어떤 일에 도전을 하거나 새로운 시도를 하다가 주변의 질타와 혹평을 받은 경우 생기는 상처입니다. 이 상처는 가족, 친구로부터 받을 수 있으며 혹은 전혀 상관없는 불특정 다수로부터도 받을 수 있습니다. 자신의 능력을 펼칠 수 있는 가능성을 제한받는 상처이기 때문에 자녀의 삶에서 이런 모습이 보인다면 특별히 용기와 격려를 통해 외부적인 시선에 신경을 쓰기보다는 자기 자신과 하나님께 집중하도록 도와주어야 합니다.

2. 현재

현재 받고 있는 상처도 과거에 받은 상처의 반복적인 유형이 존재할 수 있습니다. 그리고 아직 살아보지 못한 미래가 찾아오는 과정에 의한 변화 때문에 겪는 상처가 있습니다.

1) 부모나 가정으로부터의 상처

과거에 부모와 가정으로부터 받은 상처가 있다면 동일한 상처를 지금까지 받고 있을 수도 있습니다. 가정 안에서 생기는 마음의 상처는 갈등과 소통의 부재, 배려 없는 말과 행동을 통해 생기는 것이기 때문에 지금도 가정 안에서 비슷한 일이 일어나고 있다면 그 원인이 무엇인지를 파악해야 합니다. 이 원리는 부부간의 관계, 부모와 자녀간의 관계에서도 동일하게 적용됩니다. 또한 이와는 다르게 과도한 기대감에 따른 부작용으로 서로 간의 상처를 주고 있지 않은가도 생각해봐야 합니다.

2) 건강이나 신체의 변화가 주는 상처

자녀의 경우에는 급격한 신체의 변화, 가치관의 혼란으로 인해 열등감과 같은 마음의 상처를 받을 수 있습니다. 어른의 경우에도 갱년기, 건강의 악화 등으로 이전과 달라지는 자신의 모습을 제대로 받아들이지 못하고 상처를 받는 경우가 있습니다. 그러나 나이를 먹어감에 따른 신체적인 변화를 제대로 이해하면 몸의 어려움과 상처가 마음의 병으로 이어지지 않고 효과적으로 대처할 수 있습니다.

성경에 나오는 마음에 상처받은 사람들

"여호와께서 사울을 떠나 다윗과 함께 계시므로 사울이 그를 두려워한지라"(사무엘상 18:12)

"예수께서 그 곳에 이르사 쳐다 보시고 이르시되 삭개오야 속히 내려오라 내가 오늘 네 집에 유하여야 하겠다 하시니 급히 내려와 즐거워하며 영접하거늘 뭇 사람이 보고 수군거려 이르되 저가 죄인의 집에 유하러 들어 갔도다 하더라"(누가복음 19:5-7)

"그가 이르되 당신의 하나님 여호와께서 살아 계심을 두고 맹세하노니 나는 떡이 없고 다만 통에 가루 한 움큼과 병에 기름 조금 뿐이라 내가 나뭇가지 둘을 주워다가 나와 내 아들을 위하여 음식을 만들어 먹고 그 후에

는 죽으리라"(열왕기상 17:12)

　성경에는 마음에 상처를 받아 잘못된 삶을 사는 많은 사람들이 나옵니다.
　사울왕은 다윗을 시기 질투하며 마음의 상처를 받아 광기 있는 삶을 살았습니다.
　삭개오는 외모와 출신으로 받은 상처를 자신의 권력을 통해 해결하려 했습니다.
　사르밧 과부는 생활고로 인해 삶을 포기하고자 하는 잘못된 마음을 품었습니다.

　그리고 하나님의 일을 하는 사람들에게도 이런 상처가 있었습니다.
　바울과 바나바는 전도 사역을 계획하는 도중에도 의견 차이로 서로 마음에 상처를 입고 각각 다른 동역자를 구했습니다.
　바울과 베드로 역시 이방인들을 대하는 자세로 갈등을 빚었습니다.
　이처럼 마음의 상처는 신앙의 여부와도 상관없이 누구나 어느 때나 받을 수 있고, 한 사람의 평생을 좌우할 수도 있습니다. 그러나 성경에서 알 수 있듯이 아무리 상처받고 괴로운 마음이라 하더라도 예수님이 그 마음에 들어오시면 모든 상처는 치유되고 새로운 사람으로 태어나게 됩니다.

마음의 상처를 해결하는 법

자녀가 입은 마음의 상처를 잘 해결하지 못하면 결국 그 상처로 부모도 영향을 받게 되고 온 가정이 영향을 받게 됩니다. 자녀가 받은 상처가 설령 부모의 잘못으로 인한 것이라 하더라도 그 상처를 치유해줄 사람은 역시 부모밖에 없습니다. 그러므로 자녀의 상처를 치유하기 위해서는 먼저 부모가 능동적으로 대처하며 다가가는 것이 중요합니다.

1. 마음으로 상처를 향해 다가가기

자녀가 마음의 상처를 입은 것을 확인했다면 먼저 즉각적으로 다가가야 합니다. 모른 채 하거나 혹은 내 자존심을 건드리는 것이라고 화를 내서는 절대로 안 됩니다.

저희 둘째는 공부를 못해서 학교에서 자주 선생님에게 벌을 받고 왔습니다. 가뜩이나 공부에 흥미가 없는데 학원 같은 데를 보내지도 못하니 학교 진도를 따라가지를 못해서 공부도 못하는 꼴통, 문제아로 찍혔던 것입니다.

그러던 어느 날, 둘째가 선생님에게 너무 맞아서 퉁퉁 부어서 집으로 왔습니다. 그리고 저에게 찾아와 울먹거리며 학교 공부를 따라가기가 너무 힘들다며 내심 학원이나 과외를 시켜줬으면 하는 속마음을 비쳤습니다. 물론 제가 나름의 원칙을 세워 하나님의 방법으로 아이를 키우고자 하는 마음도 있었지만 당시 상황은 정말로 아무리 학원을 보내고 싶어도 그럴 수 있는 형편이 아니어서 부모로써 자존심도 많이 상하고 슬펐습니다. 욱하는 마음도 조금 생겨서 "니가 공부를 열심히 안하니까 그렇지!"하고 소리를 지르고 싶기도 했지만 잠시 생각을 해보니 그렇게 해서는 해결될 일이 아니었습니다.

그래서 둘째를 데리고 조용한 데로 가서 지금 집안의 상황과 저의 교육방침 등에 대해서 얘기를 조근조근 하면서 엄마가 형편상 바라는 대로 해주지 못해서 미안하다고 사과를 했더니 아이도 쿨하게 바로 인정을 하고 자기 힘으로 열심히 해보겠다고 수긍을 했습니다.

마음의 상처가 생겼을 때에는 부모든 자녀든 신경 쓰지 말고 먼저 다가가야 합니다. 기도하면서 감정에 휘둘리지 말고 차분히 있는 그대로의 상황을 설명하며 서로의 마음을 나눈다면 그 어떤 어려운 역경이라도, 심각한 마음의 상처라도 결국에는 극복 가능하게 됩니다. 마음의 상처가 생길 때는 그대로 두지 말고 바로 다가가야 합니다.

2. 부모의 사랑으로 끌어안기

서로의 상처에 대해서 먼저 솔직하게 다가섰다면 그 다음에는 사랑으로 끌어안아야 합니다. 때로는 상처에 접근하는 것만으로 해결되지 않는 큰 문제들이 있는데, 이때는 자녀를 향한 부모의 사랑만이 해결책이 됩니다.

다시 말하지만 저는 어려운 가정형편 때문에 초등학생 때까지 아이들 옷을 한 번도 사 입혔던 적이 없었습니다. 교인들이나 주위 사람들에게 얻어다 입히다 보니 엄마인 제가 봐도 측은할 정도로 허름해보여서 마음이 어려웠습니다. 그러던 중 우리 큰 아이가 한 번은 학교 갔다 와서 가방을 집어던지더니 울먹이면서 말했습니다.

"나... 이제 학교 안가... 학교 안 갈 거야..."

지금까지 착하게만 자라 한 번도 말썽을 피우지 않았던 아이가 갑자기 울면서 학교를 안간다고 하니 너무 놀랐습니다.

 그러나 무슨 사연이 있겠다 싶어서 무슨 일이 있는지 조용히 물어보니 학교에서 애들이 옷을 주워 입고 다닌다고 놀렸다는 겁니다. 부모로써의 그 참담한 심정은 정말 이루 말할 수가 없었습니다. 가난한 환경 때문에 놀림 받아 상처 입었을 아들의 마음을 생각하니 너무 불쌍했고, 그로 인해 제 마음도 매우 큰 상처를 입었습니다. 착한 큰 아들이 그렇게 마지못해 울면서 이야기했을 정도면 분명 한두 번 놀림을 받았던 게 아니라 몇 번이고 하루 종일 놀림을 받았을 게 분명했습니다. 흐르는 눈물을 참기가 힘들었지만 저마저 그랬다가 아이가 너무 슬퍼할 것 같아서 꾹 참고 이렇게 말했습니다.

"사람은 명품을 걸친다고 해서 명품이 아니야, 사람이 명품이 되어야 진짜 명품 인생이 되는 거란다. 그러니까 기죽지 말고 힘 내 우리 아들!"

그러면서 아이를 와락 안아주었는데 간신히 참았던 눈물이 줄 줄 흘러내렸습니다. 착한 큰 아들은 제가 우는 것을 보고 이내 자기도 울며 학교 잘 나갈 테니 엄마 울지 말라고 오히려 토닥여주었습니다.

6학년이 될 때까지 아이들은 계속해서 큰 아이의 옷을 가지고 놀렸지만 그동안 꾹꾹 참다가 사춘기가 들어서면서 감성이 민감해져 마음의 상처로 폭발한 것인데, 워낙 착했던 아이라 이 일이 벌어졌을 때 너무 놀랐고 슬펐습니다.

우리 자녀의 마음의 상처는 하루 이틀만에 생긴 것이 아니었습니다, 그러나 이런 슬픔 가운데에도 솔직히 마음을 고백하고 사랑으로 품어주자 서로의 상처가 풀어졌습니다. 자녀의 상처뿐 아니라 제 마음의 상처도 풀어졌습니다.

여러 가지 상황으로 인해 힘들어하는 자녀가 있다면 그 상처에 다가갈 뿐 아니라 사랑으로 끌어안아야 합니다. 만약 저 상황에서 "나라고 그러고 싶겠니? 나도 힘들어, 성찬아..."이런 식으로 말을 했으면 둘 다 마음의 상처가 더 커지고 우리 첫째는 분명 탈선을 했을 것입니다. 부모만이 상처를 감싸줄 수 있는 유일한 사람이며 하나님이 주신 사랑만이 그 상처를 치유해줄 수 있는 유일한 해결책입니다.

3. 하나님께 마음을 내어놓기

옷이 허름하다고 몇 년이나 놀림을 받았던 큰 아이 일을 알게 되고 나서 저도 상처를 참 많이 받았습니다.

'우리 귀엽고 귀한 자녀들이 왜 나한테 태어났을까 하필... 조금 더 좋은 부모를 만났으면 좋았을 텐데...'라는 생각이 시도 때도 없이 들었습니다.

그런데 아이도 받아들이고 나도 감싸주니까 서로 상처가 치유가 됐습니다. 그리고 힘든 마음과 생각들이 들 때마다 아이들한테 풀지 않고 한나처럼 성전에서 하나님께 토해냈습니다.

많은 부모들이 자녀의 상처를 대하는 과정에서 생긴 힘든 감정들을 자녀에게 그대로 풀곤 하는데 그건 절대로 해서는 안 될 행동입니다. 부정적인 감정이던, 긍정적인 감정이던 모두 하나님 앞에 가서 내어놓아야 하나님이 위로해주시고 해결해주십니다.

요한복음 4장에 나오는 결혼을 다섯 번이나 했던 여인은 수많은 상처가 있었음에도 우물가에서 예수님을 만남으로 문제가 완전히 해결 됩니다. 예수님을 진정으로 만나는 순간 우리의 상처는 치유됩니다.

예수님의 우리를 향한 사랑은 그 어떤 이론이나 과학적 방법보다도 훨씬 높은 차원의 강력한 치료 방법이자 유일한 해결책입니다.

성경의 위대한 성공자들은 기도의 사람들입니다. 그들의 기도는 그냥 되는 대로 드리는 시시한 것이 아니라 목숨을 건 기도였습니다 술취한 것 같았던 한나의 기도나 엘리야가 머리를 양 무릎사이에 넣고 기도한 것이나 히스가야가 얼굴을 벽을 향하여 드린 기도는 우리가 드리는 일상의 기도가 아닙니다. 하갈의 대성 통곡이나 다윗의 침상을 적시는 기도는 완전히 자신의 심정을 토하는 모든 것을 내어놓는 기도였습니다. 상처를 고백하는 기도를 통해 모든 마음의 상처는 우리의 삶에서 완전히 떠날 것입니다.

다음과 같은 방법을 통해 성경의 인물들의 지혜를 우리 삶에 적용할 수 있습니다.

1) 방법을 찾기 전에 하나님께 구체적으로 아뢰라
2) 스스로가 느낄 때까지 전심전력으로 기도하라
3) 하나님이 반드시 회복케함을 믿으라
4) 하나님께는 감추지 말라

4. 과거의 아픈 기억을 아름다운 말로 바꾸기

과거의 상처을 잊는다는 것은 불가능 합니다. 그러나 사람들은 대부분 자신의 과거를 부정하거나 잊으려고 합니다. 그러나 그런 방식으로는 그 어떤 상처도 치유할 수 없고 오히려 잘못되고 왜곡된 부작용만 끼칩니다.

요셉은 그의 형제들을 다시 만나고 아버지를 만났을 때 "당신들은 나를 해하려 하였지만 하나님은 이것마저도 계획하셔서 우리의 미래를 준비케 한 것입니다"라고 과거를 미화했습니다. 이처럼 과거의 상처를 다른 말(의미)로 바꾸는 것이 중요합니다. 그런 생각을 가지고 있어야 그렇게 말을 할 수 있는 상황을 하나님께서 허락하십니다.

"당신들은 나를 해하려 하였으나 하나님은 그것을 선으로 바꾸사 오늘과 같이 많은 백성의 생명을 구원하게 하시려 하셨나니"(창세기 50:20)

요셉과 같이 지혜로운 방법으로 아픈 기억을 치유하기 위해선 다음과 같은 과정이 필요합니다.
  1) 어떤 상황에서도 억울하다고 말하지 마라
  2) 나에게 일어난 억울한 일이 그것 때문이라 생각지 말라
  3) 하나님의 위로와 평안이 임할 것이라는 것을 의심치 말라

부모가 상처를 치유 못한 사람은 자녀에게도 상처를 줍니다. 그러니 먼저 기도로 주님 앞에 내려놓으십시오, 모든 아픔과 괴로움을 맡기십시오. 상처가 없는 사람은 세상에 한 명도 없습니다. 그러나 하나님이 그 모든 상처를 치유해주십니다. 그 사실을 알고 사랑으로 끌어 안는 것이 사람이 상처를 치유할 수 있는 유일한 방법입니다.

마음의 상처를 치유하는 것은 단지 상처 이전의 나로 회복되는 과정이 아니라 상처 이전의 나보다 훨씬 강하고 귀한 존재로의 발전입니다. 고린도후서 5장 17절 말씀처럼 그리스도의 사랑

으로 모든 상처와 아픔이 회복되고 하나님이 창조하신 귀한 존재로 자신이 변화되고 자녀를 변화시켜야 합니다.

　"그런즉 누구든지 그리스도 안에 있으면 새로운 피조물이라 이전 것은 지나갔으니 보라 새 것이 되었도다"(고린도후서 5:17)

함께 나누기

　　모든 사람들은 개인적인 경험과 목격으로 인생에는 수많은 상처가 있음을 알고 치유에 대한 이론적인 방법들이 무엇인지를 알고 있습니다. 그러나 진정 우리의 상처를 치유하고 새롭게 살게 하시는 분은 오직 하나님 한분입니다. 우리의 상처를 믿음으로 치유하는 것은 그래서 영원한 치유가 됨을 알아야 합니다. 약이 떨어지면 다시 도지는 치유는 치유가 아니기 때문입니다. 아름다운 마음 곧 상처 없는 마음으로 우리의 자녀를 기르는 것은 상처 없이 자라는 아이를 만나는 것입니다.

　　내 삶에 있었던, 혹은 지금도 안고 있는 마음의 상처에 대해서 허심탄회하게 털어놓고 그 해결방법에 대해서 본문 내용과 관련해서 적용시켜 함께 이야기를 나누어 보십시오.

다음의 질문을 놓고 함께 나눠 보십시오.

❶ 마음의 상처가 극복되었다는 걸 어떻게 알 수 있을까요?

❷ 자녀의 마음의 상처에 대해서 어느 정도 알고 있습니까?

❸ 나와 배우자의 마음의 상처에 대해서는 어느 정도 알고 있습니까?

❹ 마음의 상처를 솔직히 공유하는 일이 어려운 이유는 무엇입니까?

❺ 어떤 방법으로 마음의 상처를 치유할 수 있을까요?

6

분노

분노지수 체크리스트

아래 질문에 「매우 그렇다」면 ( )안에 10을, 「매우 그렇지 않다」면 0을 표시하되, 그 사이는 본인이 적당한 점수를 쓰십시오.

01	성격이 급하고 자주 흥분한다.	
02	일이 잘 안풀리면 금방 포기한다.	
03	자녀가 실수를 하면 너무 화가 난다.	
04	시킨 일을 한 번만 여겨도 자녀에게 화를 낸다.	
05	내 잘못을 남의 탓으로 돌린 적이 있다.	
06	내 잘못을 지적하면 더 화를 낸다.	
07	분노의 감정을 제대로 해소하는 방법이 없다.	
08	분노 때문에 인간관계를 망친 적이 있다.	
09	화를 못 이겨 자녀를 때린 적이 있다.	
10	나도 모르게 욕을 하거나 물건을 집어 던진적이 있다.	
※ 위에 기록한 점수를 합산하십시오. 그 점수가 분노지수(%)일 수 있으나, 정확한 것은 아니니 참고만 해 주십시오.		

'시화방조제 토막살인 사건, 강원도 춘천에서 10대가 친형을 죽인 사건, 부산에서 일어난 연쇄 방화사건, 전남에서 일어난 친모의 신생아 살인 사건, 경기도 양주시의 분신자살 사건'

이 끔찍한 사건은 모두 분노를 조절 못해 홧김에 저지른 것이라는 공통점이 있습니다. 피해자들은 저마다 범행을 저지르고 나서는 "순간 적으로 화가 나서...", "홧김에..."와 같은 단어를 자주 사용하며 이유를 설명했습니다. 더욱 문제인 것은 이런 충동적인 강력 범죄가 어른 아이 할 것 없이 전국적으로 급격하게 증가하고 있다는 것입니다.

분노를 조절하지 못해 치료가 필요한 경우가 미국은 전체 성인의 10%로 사회적인 문제가 되고 있는데, 한국은 거의 30%에 육박한다는 조사도 있습니다.

즉흥적이고 빠른 것을 강조하는 시대, 성과만을 추구하는 시대에서 스트레스로 쌓이는 분을 제대로 해소하지 못하기 때문에 이런 끔찍한 사건들이 일어나고 있습니다. 홧김에 저지른 일로 인해 한 생명이 사라지고, 우리 자녀가 고통을 받는다면 이것만큼 억울한 일은 아마 세상에 없을 것입니다. 앞으로 더욱 각박해져갈 세상을 생각한다면 우리 자녀들에게 필요한 것은 성공하는 법, 성적을 올리는 법이 아니라, 분을 잘 삭히고 조절하는 성품과 지혜입니다.

미국 워싱턴대 심리학과의 엘마 게이츠 교수는 사람의 감정 상태에 따라 침의 성분이 어떻게 변하는지 실험을 했습니다.

평상시의 침을 분석해서 관찰해보면 아무 색이 없지만 사랑의 감정을 느낄 때의 침은 미세하게 분홍색이었습니다. 그리고 화를 낼 때는, 욕을 할 때, 분노의 감정을 품을 때는 대체로 갈색이 되었습니다.

교수는 침의 상태에 따라서 성분이 달라지는지 확인하기 위해서 갈색의 침을 모아서 실험용 쥐에게 투여를 했는데 몇 분 만에 죽고 말았습니다. 엘마 교수는 자신의 실험을 발표하면서 쥐에게 투여한 침을 '분노의 독약'이라고 이름 지었습니다.

하버드 대학교의 월터 캐넌 박사는 분노의 감정을 가질 때 사람의 몸에 어떤 변화가 일어났는지 연구했는데 그 결과가 다음과 같았습니다.
- 호흡이 거칠어짐.
- 심장박동이 빨라져 혈압이 올라감.
- 소화기관의 운동이 정지됨.
- 간에 저장된 당분이 분배돼 혈당이 높아짐.
- 비장이 수축하고 혈구들이 굳음.
- 아드레날린이 과도하게 혈액 속에 분비됨.

박사의 연구결과에 따르면 분노의 감정이 우리 몸에 좋게 작용하는 것은 단 한 가지도 없었습니다. 그러나 우리는 부모 자식 간에도 매일 같이 몇 번이고 분노의 감정을 느끼고 또 서로에게 쏟아내며 살아가고 있습니다.

분노는 하나님이 원하시는 감정이 아니며, 자녀를 교육하는 데에도, 또 자녀를 올바른 길로 인도하는 데에도 아무런 도움이 되지 않습니다. 분노는 자신을 죽이며 상대방을 상처 입히는 무기이자 독입니다. 특별히 어린 자녀, 십대의 자녀에게는 이 분노의 감정을 다스릴 줄 아는 것이 중요하며, 또 부모가 분노의 감정을 먼저 잘 다스리며 자녀와 관계를 형성하는 것이 중요합니다. 그래서 이번 장을 통해서는 분노를 다스리는 법, 그리고 분노를 다스릴 줄 아는 자녀로 키우는 법에 대해서 함께 나누어 보겠습니다.

분노의 정의

자녀를 키우면서 부모들이 가장 힘들어하는 부분 중 하나는 바로 감정의 조절, 그 중에서도 분노의 조절입니다.

분명 내 배 아파서 난 자식이고, 나서부터 하루 종일 내 손으로 키운 자식임에도 때로는 정말 패 죽이고 싶을 정도로 미운 마음이 들기도 하는 것이 자녀를 키우는 모든 부모들의 솔직한 심정입니다. 물론 아무리 큰 잘못을 해도 먼저 사랑하고 이해하는 것이 모든 엄마들의 근본적인 사랑이며 마음일 텐데 그럼에도 인간인지라 때로는 욱하는 마음에 먼저 소리가 나고 손이 올라가기도 합니다. 그러나 자녀를 향해 사랑을 표현하며 관심을 보여주기 위해선 언제나 분과 화의 감정보다 사랑과 인내의 감정이 우선해야 합니다.

분노는 화를 내는 감정의 가장 격한 상태입니다. 때때로 화를 내는 사람들, 부모와 자녀를 포함해서 모두는 이런 말을 습관처럼 합니다.

"그건 충분히 화낼만한 일이었어."

"내가 화낸다고 아무도 뭐라고 할 수 없을 걸?"

이처럼 분노는 어떤 상태에 대한 반응과 대응으로 일어나는 것이기 때문에 때때로 분노 자체가 당연한 반응처럼 보이지만 이는 매우 잘못된 생각입니다. 설령 충분히 화를 낼만한 이유가 있더라도 화를 내는 것은 상황적, 정신적, 육체적으로 아무런 이득이 되지 않고 해만 됩니다.

자녀에게도 마찬가지입니다. 자녀가 잘못을 했다고 그 잘못에 해당하는 만큼의 화를 냈다가는 제대로 성장하는 자녀는 한 명도 없게 됩니다.

명품 자녀를 키우고자 의욕이 앞서도 분을 참지 못하면 자녀의 성품이 바르게 성장하지 못합니다. 그렇기 때문에 화를 낼만한 상황에서도 분을 참고 조절하는 법을 부모가 먼저 아는 것은 매우 중요합니다.

　결혼을 하고 개척을 하다가 새로 생기는 풍납동 아파트 단지
에 교회를 지을 때였습니다. 아파트 주민들이 교회를 찾아오면서
조금씩 부흥은 되고 있었지만 당시 외환위기가 터졌을 때라 개
인적으로도, 교회적으로는 오히려 가장 힘든 상황이었습니다. 애
들 옷을 못 사줘서 얻어다 입힐 정도로 어려웠습니다.

　그때 아파트에 살던 교인들이 우리 교회에 등록했는데 몇 몇
분들이 저를 보고 "젊은 사모가 참 초라하고 세련되지 못하다"고
뒤에서 말을 많이 했습니다.

　사실 그 말이 틀린 말은 아니었습니다. 교회 대출 이자도 제때
내지 못했고, 아이들 키우며 사모 일까지 하느라 옷에는 전혀 신
경을 못 썼는데, 지금도 안 어울리는 정말 할머니들이나 입는 그
런 옷을 입고 다녔으니까요. 그러나 그렇다고 제가 옷을 사 입기
싫어서 그러는 것도 아니고 상황이 여의치 않아서 어쩔 수 없는
거였는데 그런 이야기를 들으니 듣는 순간 정말 참을 수 없는 분
노가 치밀어 올랐습니다. 제가 사모였지만 당장에 찾아가 멱살이
라도 잡고 한바탕 하고 싶었습니다.

　그러나 잠깐 차분히 생각해보니 그러면 괜히 저만 더 초라해
질 것 같아서, 하나님이 알아서 채워주시고, 알아서 갚아주실 것
이라는 생각으로 분을 이겨냈습니다.

　가뜩이나 힘들게 사는 것도 서러운데 그런 저의 행색을 가지
고 험담을 했다는 것이 참 괴로운 일이었으나 나 스스로는 하나

님께 최선을 다하고 있고 이런 나의 행색이 어쩔 수 없는 상황이
라고 생각이 드니 분을 다스릴 수 있는 힘이 생겼습니다.

 그때 제가 깨달은 것 중의 하나가 분노는 참는 게 아니라 다스
려야 한다는 것입니다. 참는 건 힘들고 병이 됩니다. 그러나 분노
를 다스리면 지혜롭게 넘어갈 수 있습니다.

 영어 단어에도 가장 격한 분노의 상태
를 표현한 것은 'Anger'입니다. 그런데 이
단어는 괴로움을 뜻하는 'Anguish'와 같은
어원에서 나왔습니다. 결국 분노와 괴로움
은 같은 뿌리를 가지고 있다는 뜻이며 분노를 참고 조절할 줄 아
는 것은 괴로움의 뿌리를 제거하는 일입니다. 분노를 다스리는
사람은 괴로움의 뿌리를 제거하는 사람입니다.

 캐나다 앨버타대학교 연구팀은 400여명의 청소년들을 대상으
로 25년간 추적관찰을 한 결과 청소년기에 경험한 '분노, 우울
증'과 같은 감정들이 중년이 될 때까지 영향을 미친다고 발표했
습니다.

 특히 10대 때 분노와 낙담한 마음을 자주 경험하는 청소년일
수록 결혼과 직업과 같이 인생사의 중요한 부분을 잘 수행해내
지 못했습니다. 그렇기에 분노의 감정을 다스리는 일을 가르치는
것은 10대의 우리 자녀에게 정말로 중요한 일이며 행복한 인생
을 위해서도 꼭 필요한 일입니다.

분노의 유형과 원인

자녀를 키우면 생각보다도 분노의 상황이 많이 찾아옵니다. 하루에도 몇 번씩 찾아와 자기 전에 반성을 해보면 '내가 그러지 말았어야 했는데…'라는 후회가 매일 같이 드는 것이 보통 엄마들의 상황입니다.

우리 애들은 비교적 말을 잘 듣는 편이고 속 썩일만한 문제도 안 저지르고 자란 아이들임에도 지금 생각해보면 하루에 몇 번씩 분노의 감정이 생기곤 했습니다.

물론 제가 부족해서일 수도 있지만, 제가 생각해도 비교적 착하고 말 잘 듣는 우리 아이들도 이 정도라면… 삐뚤어지고 있는 성장기의 자녀를 둔 부모님의 경우에는 훨씬 더 할 것입니다. 하지만 그럴수록 더더욱 분노를 다스리려야 한다는 것을 알아야 합니다. 분노는 단순히 나의 감정과 불만을 해소하는 감정이 아니라 자기와 남을 해칠 수 있는 무서운 무기입니다.

분노는 단순히 소비하고 끝나는 일회성 감정이 아니라 뇌가 반응할수록 반복되는 감정이며 담배나 술같이 중독되는 현상입니다.

심리학자들의 연구결과 분노를 자주 내는 사람일수록 화를 참지 못하는 시간이 짧아졌으며 더 격해졌습니다. 또한 동일한 상황을 겪고도 화를 내지 않은 사람들보다 뇌세포가 많이 손상되었고 능동성이 줄어들었습니다. 따라서 어떤 상황에서든 분노는 조절하며 참는 것이 우선입니다.

분노에는 크게 다음과 같은 세 가지 유형이 있습니다. 먼저 내가 어떤 종류의 분노를 자주 내는지 아래에서 확인해 보는 것이 좋습니다.

1. 가까운 사람에게 하는 분노

일반적으로 만나는 보통 사람들에게는 상냥하게 대하며 불쾌한 일을 당해도 화를 내지 않지만 그 과정에서 쌓인 분노들을 가장 가까운 가족과 배우자, 친구들에게 배출하는 경우입니다. 일반적으로 자기 자신에게 대하는 것처럼 가까운 사람에게 대하는 경우가 있기 때문에 이런 경향의 분노를 가진 사람들은 자기 자신과 가까운 사람에 대해서 좋은 관계를 가지고 있지 못하기 때문에 우울증과 같은 증상이 있을 수 있으며 행복한 생활을 영위하기 어렵습니다.

2. 불특정 다수에게 하는 분노

자신이 당한 상처와 어려움이 잘못된 방법으로 표출되어 불특정 다수를 해치고 욕하는 방법으로 나타나는 경우입니다.

인터넷 악성 댓글부터 총기난사 사건, 묻지마 살인…까지 다양한 곳에서 다양한 방법으로 나타나기 때문에 사회적으로도 좋지 않은 영향들을 미치고 본인 자신도 파멸에 이르게 하는 위험한 유형입니다.

이런 타입의 분노 성향을 가진 자녀들은 부모에게도 함부로 대하는 경우가 많기 때문에 자녀가 그런 모습을 보인다며 더 다그치고 나무라기 전에 관심을 갖고 자녀의 상태를 예의주시해야 합니다.

3. 절제가 되지 않는 분노

충동적으로 생기는 감정이 조절이 되지 않는 경우로 일반적으로 '분노조절장애' 같은 증상을 말합니다. 이런 경우에는 뇌의 기능이 많이 떨어져 생기는 경우가 가장 크기 때문에 먼저 하나님께 고쳐주길 기도하면서 약물적인 치료를 우선하며 상담과 다른 훈련을 병행해야 합니다. 어렸을 때부터 문제가 나타나는 경우가 대부분이지만 10대 중후반에도 이런 증상이 생길 수 있기 때문에 상태가 이상하다 싶으면 병원에서 바로 검사를 받아봐야 합니다.

분노는 점점 증폭되며 발전합니다. 나쁜 생각은 폭언으로 이어지고 폭언은 폭행으로 이어집니다. 분노를 내서 상황이 나아지는 경우는 절대 없으며 오히려 2차, 3차의 추가 피해가 생겨납니다. 게다가 분노는 상대방을 향할수록 더 크게 나에게 돌아오는 것이기 때문에 결국은 나 자신에게 피해를 주는 행위입니다. 그렇다고 생기는 분노의 감정을 막을 수는 없기에 분노의 감정을 인정하고 그것을 제어하고 다스리는 지혜와 요령이 필요합니다.

성경에 나오는 분노

성경은 대부분의 분노는 어리석은 것이기에 아예 그 감정을 버리라고 말하고 있습니다.

"너희는 모든 악독과 노함과 분냄과 떠드는 것과 훼방하는 것을 모든 악의와 함께 버리고"(에베소서 4:31)

"분을 그치고 노를 버리라"(시편 37:8)

"형제에게 노하는 자마다 심판을 받게 되고"(마태복음 5:22)

그래서 다윗은 자신을 죽이려고 수없이 음모를 꾸몄던 사울을 죽일 수 있는 기회가 눈앞에 있음에도 그를 용서하고 오히려 도망쳤고, 예레미야는 끊임없이 죄를 짓고 회개하지 않는 이스라엘 백성을 보면서 오히려 눈물을 흘렸습니다.

그러나 성경이 모든 분노에 대해서 반대하는 것은 아닙니다. 예수님은 회당에서 장사를 하는 무리를 보고 화를 내며 채찍을 휘두르셨고 요한은 회개하지 않는 위정자와 성직자들을 향해 독설을 내뿜었습니다. 분노의 감정은 일반적으로 버리는 것이 맞지만 죄에 대한 분은 죄를 짓지 않는 합당한 방법으로 표현하는 것이 성경이 말하는 분노를 표현하는 방법입니다.

"분을 내어도 죄를 짓지 말며 해가 지도록 분을 품지 말고"(에베소서 4: 26)

분노를 다스리는 방법

다시 한 번 말씀드리지만 분노는 참는 게 아니라 다스려야 합니다. 지금 자녀를 키우는 부모들에게, 특히 엄마들에게 가장 부족한 것이 이 분노를 다스리는 것입니다.

그러나 어렵다고 포기하면 안 되고 더더욱 노력하고 연습해야 합니다. 사람이 다스리기 제일 힘든 게 분노의 감정이지만 다스리지 않으면 자녀도 부모도 파괴됩니다. 자녀를 양육하는 부모들과 힘든 시기를 보내는 자녀들에게 가장 필요한 것은 분노마저도 하나님 안에서 풀어나가는 것인데, 그것도 이겨내기 힘들 때에는 예레미야처럼 눈물로 다스린다면 가능합니다.

우리 아이들이 어렸을 때 집안의 어려운 환경을 모르고 눈치 없이 장난감을 사달라고 자주 보채곤 했습니다. 가뜩이나 어려운 형편에 신경이 날카로워졌는데 아이들까지 동시에 보채니 너무 화가 나서 "엄마가 사줄 수 없는데 왜 자꾸 졸라? 한 번 혼나봐야 정신 차릴래?"라고 소리를 지른 적도 솔직히 많이 있습니다. 그래도 아이들이 누그러지지 않고 보채면 결국 손이 올라가 때리기도 했습니다.

그러나 돌이켜보면 그런 상황에서 때릴 때보다 조용히 이유와 상황을 자녀들에게 설명을 해줬을 때 자녀들이 더 잘 알아듣고 스스로 참으려고 노력을 했습니다. 그뿐 아니라 그 상황을 대하는 저의 마음과 상황도 훨씬 평온 가운데 있었습니다. 그렇기에 분노는 다스려야 하고 지금의 엄마나 아빠도 아래와 같이 노력하고 연습한다면 도움이 될 것입니다.

1. 원인을 나에게서 찾는다.

지금도 여러 학생들을 만나고 부모들을 만나면 엄마들이 마치 북한 방송 같다는 느낌을 많이 받습니다, 자녀를 먼저 따뜻하게 안아주는 마음이 있어야하는데, 아이들이 집에 오면 하는 말이 늘 똑같습니다.

"오늘 뭐 배웠니?, 숙제 안하니?, 학원 가!"

자녀들의 상황에는 관심도 없이 같은 말만 반복하면 자녀들의 분노도 점점 쌓여갑니다. 그런데 이렇게 분노가 쌓여 탈선을 하게 되면 부모들은 원인을 자녀에게서 찾습니다.

그러나 분노가 쌓여 발생한 문제는 상대에게 원인을 찾으면 안 됩니다. 학생 때 공부해야 하는 것도 맞고, 숙제도 중요합니다. 그러나 그걸 확인하기에 앞서서 학교는 잘 다녀왔는지, 아픈 곳은 없는지, 요즘 친구 관계는 어떤지에 대해서 묻지 못한 부모에게 우선적인 책임이 있는데 요즘 부모들은 이 부분을 너무 간과합니다.

저는, 설령 누가 봐도 상대방이 무조건 잘못한 상황이라 하다라도 100% 저에게서 원인을 찾았습니다. 아까 말했던 것처럼 할머니들이 입는 옷을 입고 다녀서 젊은 사모가 세련되지 못했다는 험담을 들었을 때도 "그래, 내가 옷을 못 입을 수 있지", "그렇게 볼 수도 있고, 그렇게 나쁜 뜻으로 말하지 않았을거야"라고 생각 했습니다.

그리고 이 원리를 자녀들 교육에도 적응시켰습니다.

개인적인 분을 풀지 못하면 그것이 자녀에게 전염됩니다. 형편이 안돼서 걱정하고 있을 때 애들이 괜히 보채면 참지도 못하고 소리를 지르고 화를 낼 때도 있습니다. 그러나 곧 정신을 차리고 내가 왜 힘들고 왜 실수를 했는지 차근차근 설명하고 아이들을 안아주면 자녀들이 이해를 하고 받아들입니다.

부모가 먼저 분을 다스리지 못하면 자녀들에게 전염이 되고 그것이 더 큰 분노로 다시 부모에게 돌아옵니다. 그렇기에 어떤 문제가 발생했다면 먼저 원인을 나에게서 찾아야 합니다.

"어찌하여 형제의 눈 속에 있는 티는 보고 네 눈 속에 있는 들보는 깨닫지 못하느냐"(누가복음 6:41)

2. 분노에 대처하는 습관을 만든다.

분노의 감정이 생겼을 때는 바로 표출하거나 무조건 억누르지 말고 일단 그 상태로 2분에서 3분 정도를 참습니다. 분노를 할 때 생기는 코르티솔과 아드레날린 등의 스트레스 호르몬 등은 2분만 기다리면 가라앉기 때문에 아무리 화가 나는 상황에서도 2분이 지나면 조금 더 이성적으로 문제를 해결할 수 있고 현명한 방법으로 대처하게 됩니다.

화가 날 때 일단 크게 심호흡을 하거나 물이나 차를 한잔 하는 습관은 분노를 참는 방법을 잊지 않고 실천하는 데에 큰 도움을 줍니다.

 위에서 나온 방법 외에도 자신만의 대처하는 작은 방법을 만들어 습관화하는 것도 효과가 좋습니다. 저 같은 경우에는 이미 소리를 질렀다 하더라도 곧장 사과를 하고 일단 아이들을 안았습니다. 먼저 사과를 하고 안아주면 아이들은 제가 이미 쏟은 분노를 금방 잊고 그 이후의 사랑과 관심의 마음을 받아들이고 기억합니다.

"악을 악으로, 욕을 욕으로 갚지 말고 도리어 복을 빌라 이를 위하여 너희가 부르심을 받았으니 이는 복을 이어받게 하려 하심이라"(베드로전서 3:9)

3. 긍정적으로 해석한다.

분노를 낼만한 상황을 파괴적이고 관계를 끊는 방식으로 해결하면 분노의 정당성이 사라지고 상처만이 남게 됩니다. 그러나 상황을 일단 멈춤으로 정돈하고 하루를 마무리하거나 훗날 그 상황을 보다 건설적으로 해석하고 받아들이는 습관은 분노에 중독되지 않게 도와주며 분노의 상황을 디딤돌로 활용할 수 있는 좋은 방법입니다.

모든 분노는 관계의 틀어짐에서 비롯됩니다. 사람과의 만남에서 불공정한 대우를 받거나 업신여김을 받았을 때, 기대했던 것과 정반대의 상황이 일어났을 때 분노가 일어나며 이때 표출되지 않은 분노들이 쌓였다가 나중에 더 큰 분노로 자라납니다. 그렇기에 부정적인 방향으로 향하고 있는 감정의 키를 긍정적으로 돌려야 합니다.

"너는 행악자들로 말미암아 분을 품지 말며 악인의 형통함을 부러워하지 말라"(잠언 24:19)

4. 분노의 기한을 둔다.

자녀들이 어린 시절에 부모에게 받은 분노로 인한 상처는 얼마나 갈까요? 경우에 따라 다르지만 아이들은 3살이 되는 순간부터 상처를 받기 시작하며 이 상처가 제대로 치유되지 않는다면 어른이 되어 평생 동안 영향을 받기도 합니다.

사람이기에 실수할 수도 있고, 부모라 하더라도 어린 자녀에게 순간의 감정으로 화를 낼 수도 있습니다. 그러나 실수보다 중요한 것은 사랑으로 그 상처를 다시 감싸는 것입니다.

그래서 성경은 설령 분을 내더라도 마지노선으로 해결해야 할 시간이 있음을 분명히 말하고 있습니다.

분을 잘 다스렸던 시편에 보면 다윗이 하나님께 자신의 진솔한 마음을 고백했듯의 분노의 감정일지라도 하루를 마무리하며 기도로 고백하면 아무리 큰 분노라도 이겨낼 수 있고 극복할 수 있습니다. 자녀뿐 아니라 남편과 아내를 향한 분노라도 되도록 다스리고, 다스리지 못했다 하더라도 그 날에 모두 해결하고 넘어가야 합니다. 이것이 하나님이 원하시는 행복한 가정의 원리이며, 또한 자녀를 상처가 없는 건강한 마음을 가진 명품으로 만들 수 있는 가장 좋은 방법입니다.

"분을 내어도 죄를 짓지 말며 해가 지도록 분을 품지 말고"(에베소서 4: 26)

말씀대로 바르게 자녀를 양육하기를 꿈꾸는 엄마들은 본인도 화를 다스릴 줄 알아야 하며 자녀들에게도 이런 지혜를 가르칠 줄 알아야 합니다.

"미련한 자는 당장 분노를 나타내거니와 슬기로운 자는 수욕을 참느니라"(잠언 12:16)

분노를 다스리고 또 자녀에게 가르치기 위해선 부부관계에서부터 시작해야 합니다. 부부간에 화를 다스리는 지혜의 본을 보여야 자녀와의 관계에서도 서로간에 생기는 화의 감정을 다스릴 수 있습니다.

다음은 부부간, 그리고 자녀간의 관계에서 **분노를 다스릴 수 있는 몇 가지 실제적인 지침입니다.**

1. 배우자와의 관계에서 분노를 해결하는 방법
1) 상대가 화가 났다면 30분만 피하자.
2) 상대가 화를 낼 때 내가 느끼는 부정적인 감정을 솔직히 고백하자.
3) 자녀들 앞에서는 절대로 서로 분노를 표출하지 말자.
4) 상대가 잘못했더라도 먼저 안아주고 사과해서 자존심 보다는 미안한 감정을 갖게 만들자.

2. 자녀와의 관계에서 분노를 해결하는 방법
1) 마음의 분을 따라 감정적으로 언어를 쏟아내지 마라.
2) 아이의 눈을 보고 말하라(어려우면 입이라도 보라).
3) 나는 가르치는 선생이 아니라 이끌어주는 엄마, 아빠임을 기억하라.
4) 깨달음을 주는 느낌표와 영성 있는 말을 하라.

"미련한 자는 당장 분노를 나타내거니와 슬기로운 자는 수욕을 참느니라"(잠언 12:16)

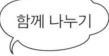

   분모의 감정은 인간이 다스리기 가장 어려운 것이기는 하지만 그것을 다스리지 않으면 모든 것이 파괴된다는 것도 알아야 합니다. 그래서 자녀를 기르는 엄마에게 너무도 필요한 것은 하나님 안에서 모든 문제를 풀고 눈물의 기도로 분노를 다스리는 모든 노력을 동원하는 것입니다.

   스스로 분노를 잘 조절하지 못해서 여러움을 겪었던 일이나, 자녀의 분노의 모습으로 당황했던 일과 같은 사례를 놓고 서로 진솔하게 토론하며 본문의 해결내용을 토대로 문제점을 찾아보십시오.

   다음의 질문을 놓고 함께 나눠 보십시오.

❶ 자녀들은 부모의 분노를 마주할 때 어떤 감정을 느낄까요?

❷ 분노는 자녀를 교육하는데 있어서 필요한 감정일까요?

❸ 자녀들이 분노를 조절할 수 있는 훈련은 무엇일까요?

❹ 자녀가 화를 내는 모습에서 나의 모습이 보인적은 있나요?

❺ 정말 화를 내야 할 때가 있다면 언제인가요?

   어떤 방식으로 내야 할까요?

7

용서

용서지수 체크리스트

아래 질문에 「매우 그렇다」면 ( )안에 10을, 「매우 그렇지 않다」면 0을 표시하되, 그 사이는 본인이 적당한 점수를 쓰십시오.

01	합당한 이유가 있음에도 분을 이겨내지 못한 적이 있다.	
02	어떤 사람을 미워해서 일이나 생활이 힘들었던 적이 있다.	
03	상대방을 미워하는 이유보다도 감정에 집중하는 편이다.	
04	가끔 남을 미워하는 이유가 나의 콤플렉스 때문인 것 같다.	
05	용서보다는 보복이 효과적일 때가 있다고 생각한다.	
06	하나님이 나를 용서해주셨다는 생각을 때때로 잊고 산다.	
07	가끔 나는 아무런 죄를 짓지 않고 산다는 느낌을 받는다.	
08	용서 했다고 해 놓고도 상대방에게 다시 화를 낸 적이 있다.	
09	지금도 심각하게 다투고 용서하지 않은 관계가 꽤 있다.	
10	성경이 말하는 용서는 현실적이지 못하다고 생각한다.	
※ 위에 기록한 점수를 합산하십시오. 그 점수가 용서지수(%)일 수 있으나, 정확한 것은 아니니 참고만 해 주십시오.		

　임신한 아내가 먹고 싶다는 케이크를 사러 한밤중에 밖으로 나간 남편이 있었습니다. 그런데 가져온 돈이 모자라 그나마 비슷한 크림빵을 사서 집으로 돌아오는 중에 멀쩡히 횡단보도를 걷고 있던 남편을 어떤 차량이 치고 그냥 지나갔습니다.

　뺑소니를 당한 남편은 결국 목숨을 잃었고 소위 '크림빵 사건'으로 알려진 이 이야기는 전국으로 퍼지며 온 국민의 공분을 샀습니다. 특히 아들의 시신과 길바닥에 떨어진 크림빵을 목격한 아버지의 심정은 이루 말할 수가 없어 범인을 찾는다는 현수막과 함께 현상금 3천만 원을 걸 정도였습니다. 그러나 몇 주 뒤에 범인인 허 씨가 자수를 했고, 이를 만나러 온 아버지의 첫 마디는 의외였습니다.

　"범인을 위로해주러 왔습니다. 자수는 잘한 선택입니다. 제발 붙잡히기 전에 자수 하길 매일 간절히 기도했습니다. 안타깝지만 죽은 내 아들은 이미 땅 속에 있고, 그 사람은 이제 고통스러운 시간이 시작되지 않겠습니까? 똑같이 가족도 있을 텐데... 처음부터 원망은 하지 않았습니다."

　용서란 사람이 할 수 있는 가장 높은 차원의 행위입니다.
　사고로 자녀를 잃고 남겨진 가족을 보는 슬픔을 우리는 가늠

할 수 없습니다. 그러나 저런 상황에서 분노를 하고 공격적인 모습을 보이고, 심지어 똑같이 갚아준다 하더라도 해결되는 일은 아무것도 없을 것입니다. 용서는 정말 어렵고 힘든 선택이지만 또한 모든 상황에서 할 수 있는 가장 최선의 선택이 됩니다.

남아프리카 밀림에 사는 바벰바족은 비록 작은 부족이지만 세계에서 가장 낮은 범죄율을 기록하고 있는 사회입니다.

그런데 이 부족 사회에서 이렇게 범죄율이 낮은 이유는 바로 죄를 짓는 사람을 처벌하는 방식 때문이라고 합니다.

부족에서 어떤 사람이 잘못을 하면 그 잘못을 목격한 사람이 다른 사람들에게 이 사실을 즉시 알리고 모두 하던 일을 멈추고 광장으로 모입니다. 그리고 큰 원을 만들어 죄를 지은 사람을 가운데로 들어가게 합니다.

잠시 뒤에 사람들이 돌아가면서 가운데 죄 지은 사람에게 그 사람이 과거에 했던 선행이나 축복의 말, 좋은 속담 같은 것들을 말해줍니다. 농담조로 말을 해서도 안 되고 과거의 일을 너무 미화하거나 과장해서는 안 됩니다. 그러나 반드시 칭찬하는 말을 해야 합니다. 비난이나 욕을 해서는 안 됩니다. 마치 죄인을 옹호하는 변호사만 가득한 법정과 같은 상황이라고 생각할 수도 있습니다.

그렇게 몇 시간이고 돌아가면서 칭찬을 하고 이제 더 이상 아무도 할 말이 없게 되면 그때부터 마을의 모두가 참여하는 축제가 벌어집니다.

"우리는 너의 죄를 용서했다. 이제 너는 새 사람이 되었다"라는 의미를 가진 축제입니다. 이 의식을 통해서 죄를 지은 사람은 죄책감에서 해방감을 느끼며 죄로 인한 자존감이 회복되고 다시 죄를 짓거나 더 심한 잘못을 저지르지 않기 위해서 스스로 노력을 하게 됩니다.

바벰바족 사회에 있는 용서의 지혜는 지금 시대를 사는 한국의 모든 부모들에게 반드시 필요한 것입니다. 옳은 말과 판결이 사람을 변화시키고 바른 길을 걷게 만드는 것이 아니라 사랑과 용서가 우리 자녀를 변화시키고 탈선하지 않게 만듭니다. 이 용서가 얼마나 중요한지를 우리는 먼저 배우고 또 자녀에게 직접 베풀면서 용서가 가지고 있는 놀라운 힘에 대해서 깨닫고 지속적으로 적용해야 합니다.

용서의 정의

용서는 나에게 죄를 짓거나 잘못한 사람들에게 벌을 주거나 꾸짖지 않고 봐주는 것을 말합니다. 어떻게 보면 사실 부모와 자식 사이에 용서에 대해서는 제대로 생각해보거나 가르치기가 쉽지 않습니다. 너무 가까운 사이기 때문에 무의식적으로 용서를 하고 있다고 생각하거나 혹은 용서나 조금 더 작은 개념으로 사과가 필요 없다고 생각하기 쉽기 때문입니다.

　그러나 정말로 가까운 사이일수록 필요한 것이 용서이며, 부모와 자녀 사이에 먼저 오가야 하는 것이 용서입니다. 자녀와의 관계에 용서가 자리하지 못하면 자녀들은 용서를 체험할 수도 또배울 수도 없게 됩니다. 이런 작은 용서가 없는 삭막한 관계가 지속되다보면 조금씩 엇나가기 시작하다가 결국 크게 탈선을 하게되고, 보다 못한 부모가 자녀를 불러 앉힌 어느 날 꽉 막힌 대화가 오가다가 서로 간에 "평생 용서하지 않겠어요"라는 영화에나나올 법한 대사가 튀어나오며 관계가 깨지게 됩니다.

　"어찌하여 형제의 눈 속에 있는 티는 보고 네 눈 속에 있는 들보는 깨닫지 못하느냐"(누가복음 6:41)

　형제의 눈 속에 있는 티는 보고 내 눈 속에 있는 들보는 보지못한다는 예수님의 말씀이 가장 잘 적용되는 성품이 바로 용서이며 또한 가족 간의 관계입니다.

　사실 우리는 이미 모두 엄청난 용서를 날마다 체험하며 사는사람들입니다. 나에게 베푸신 예수님의 은혜가 바로 그 용서인데그 은혜를 체험하고 감격해 있는 사람은 그 사실로 인해 남을 용서할 수 있습니다.

　예수님은 원수도 사랑하라고 말씀하셨고, 일흔 번씩 일곱 번이라도 용서하라고 말씀하셨는데 이것은 용서가 예수님의 은혜를남에게 표현하는 방법이며 또한 가장 나를 위한 일이기 때문입니다. 그렇기 때문에 먼저 우리 부모들은 이 용서를 직접 자녀에게 베풀어야 하며 가르쳐야 합니다.

「용서」의 헬라어인 '아피에에미'는 '자신을 풀어주다, 멀리 놓아주다, 자유하게 만들다'라는 뜻이 있습니다.

용서를 할 때 악의 사슬을 끊을 수 있고 끝나지 않을 것 같은 고통과 괴로움의 감정을 놓아주고, 자유하게 될 수 있습니다. 용서하지 못하고 원한을 품을 때는 분노와 고통의 악순환이 끊임없이 반복됩니다.

「원한」의 영어 단어인 'Resentment'는 '다시 느낀다'는 어원에서 나왔습니다. 용서하지 못하고 원한을 품을 때는 그때의 안 좋은 감정과 상황을 계속해서 반복해서 느끼는 일이 될 뿐이며 이것은 영혼과 육체, 그리고 정신에 좋지 않은 영향을 끼칩니다. 그러나 반대로 큰일일수록, 또 가장 화를 내기 적당한 순간일수록 베푸는 용서는 매우 긍정적인 영향을 미칩니다.

저희 둘째가 초등학교 3학년 때 자립심을 키워주기 위해서 나름 담력훈련을 시킨 적이 있습니다.

약 2시간 30분 정도 걸리는 곳에 버스와 지하철을 갈아타고 바이올린 레슨을 가야 했는데, 제가 딱 한 번만 데려다주고 이후로는 혼자서 다니라고 했습니다. 당시 아이에게는 어려운 미션을 주었는데 그렇게 첫 미션을 수행하던 날 밤 11시가 돼도 집에 오질 않았습니다. 좀 멀긴 해도 그렇게 헤맬 길은 아닌데 도대체 왜 이리 늦나 싶어 슬슬 걱정이 되었는데 11시 30분이 되자 지하철

역무원에게 전화가 왔습니다.

"여기 애가 집에 안가고 계속 지하철에 있어서요. 좀 오셔서 데 려가야겠는데요?"

사정을 알고 보니 애가 오며가며 피곤해 잠깐 졸다가 악기를 어딘가에 놓고 내렸는데, 악기가 없어진 것을 알고는 집에 가면 엄마한테 그냥 죽을 줄 알고 계속 2호선을 타고 돌아다니면서 악 기를 찾은 것입니다. 역무원의 전화를 받고 느낌이 마을버스를 타다가 놓고 온 것 같아서 전화를 해보니 다행히 악기는 마을버 스 종점에 있었습니다.

지하철 역에 가서 아이를 딱 보는 순간 울 화가 치밀어 올랐습니다. 없는 형편에 악기 도 물론 소중했지만 그보다는 밤 늦게까지 안 들어와 혹시 잘못되지 않았나 하는 생각 을 하며 걱정했던 마음이 순간 화가 되어 목 구멍까지 잔소리가 나오고 손이 막 올라가려는 참이었습니다.

아이를 사랑하는 마음만큼 큰 화가 났지만 그 순간 문득 '지금 그래도 용서를 해야지?'라는 생각이 들었습니다. 용서를 받는 아 이가 용서를 할 줄 아는 사람이 된다는 생각이 늘 마음 속에 있 었는데, 저를 보고 시퍼렇게 질린 아이의 눈을 보니 지금이 바로 그 용서를 해야할 때라는 생각이 들었습니다.

그래서 그냥 안고 악기도 찾았으니 걱정 말고 다음부터는 그 러지 말라고 토닥여 주었는데, 어린 마음에 그래도 지딴에는 하늘이 무너질 것 같은 마음이었는데 의외로 엄마가 용서를 해주니 한숨을 내쉬며 안도하는 표정으로 세상에 전혀 없는 밝은 미소를 지었습니다. 그런 이후에도 몇 번 화를 내야할 상황에 오히려 용서를 베풀었는데 그런 경험을 통해 둘째도 다음부터는 아무리 큰 잘못이라도 상대방을 용서할 줄 아는 마음의 여유를 가진 아이로 성장했습니다.

만약 악기를 잃어버렸다가 처음 만났을 때 얼굴이 새파랗게 질렸는데도 그냥 제 마음만 생각하고 강하게 나갔으면 아마 성격이 지금처럼 둥글둥글하게 형성되지 않고 엄청 거칠어지거나 삐뚤어질 수도 있었을 것입니다.

용서의 유형과 용서해야 하는 이유

용서를 하면 얻게 되는 많은 유익이 있지만 그 중에 정말로 큰 것은 용서를 받음으로 용서를 할 수 있는 사람이 되는 것입니다. 용서를 하며 얻어지는 그밖에 부가적인 이익들은 모두 이 과정을 통해서 스스로 깨닫고 체감할 수 있습니다. 그래서 조금 부끄럽지만 제가 이 사실을 깨닫게 되었던 이야기를 하나 하고 넘어가도록 하겠습니다.

결혼을 한 뒤에, 전도사 사모님이 되었을 때 정말 심적으로, 또 육적으로 너무 힘이 들었습니다. 집안의 반대를 무릅쓰고 거의 절연을 한 뒤에 결혼을 한데다가 개척교회라 너무 힘이 들었는데 그래서 도저히 못 버티겠다 싶어서 한 번은 수요예배를 그냥 아무 말 없이 빠져버렸습니다. 그러면서 '결혼생활은 계속 해도 사모는 못 하겠다'는 생각을 하고 있었는데 그러면서도 마음 속 양심이 큰 죄를 지은 것을 알고 내심 찔려하고 있었습니다.

어느덧 예배가 끝나고 남편이 집에 오셨는데 언뜻 보기에도 매우 크게 화가 나 있었습니다. 그런데도 꾹 참고 용서를 해주셨습니다. 그 모습을 보고 '그래 어차피 내가 선택한 길이고 내가 던진 주사위인데 열심히 견뎌보고 살아보자'라고 마음을 먹게 되었습니다. 글쎄, 모르긴 몰라도 아마 그때 남편이 와서 큰 소리치고 화를 냈으면 물론 제가 잘못한 게 분명하지만 저도 같이 사네 못 사네 하면서 더 큰 갈등으로 번졌을 것 같습니다.

바로 이처럼 도저히 용서할 수 없을 때 용서하는 게 사람을 변화시키는 힘입니다. 제때 용서를 받지 못했으면 저도 이혼으로 갈 수 있었고, 두 자녀도 삐뚤어질 수 있었는데 그 위기를 이겨내고 인생의 방향을 곧게 유지시켜주는 것이 바로 용서의 힘입니다.

그렇기에 먼저 저는 다음에 나오는 용서에 대한 이론과 유익에 대한 증거도 중요하지만 그보다 먼저 용서를 하며 또 받으며 체험하는 스스로의 변화가 더욱 중요하다고 생각합니다. 그 포인트를 잊지 말고 다음의 용서에 대한 이론적 내용을 살펴보시겠습니다.

용서에는 크게 3가지 종류가 있습니다.

1. 하는 용서입니다.

나에게 잘못한 사람을 용서하는 것으로 사람들이 일반적으로 생각하는 용서입니다.

2. 받는 용서입니다.

남에게 용서를 구하다 보면 용서를 하는 것보다 받는 것이 훨씬 어렵다는 것을 알게 됩니다. 또한 남이 나에게 용서를 구해야 한다고 생각했던 일과 내가 남에게 용서를 받아야 한다고 생각했던 기준이 크게 다르다는 것을 알게 되기 때문에 진정한 용서를 하기 위해선 또 받는 용서에 대해서도 진지하게 생각해야 합니다.

3. 주고받는 용서입니다.

인생을 살다보면 누군가 일방적으로 잘못을 하기보다는 서로 오해가 쌓여 조금씩 상처를 주는 경우가 많습니다. 이런 경우 보통 자존심 때문에 상대방의 잘못만을 부각시켜 나쁜 사람을 만들지만 한쪽에서 조금만 용기를 낸다면 서로 오해를 풀고 용서를 할 수 있게 됩니다. 처음에는 무조건 상대방의 잘못으로 생각되던 것도 시간이 지나면서 객관적으로 바라볼 수 있게 되기 때문에 조금 더 넓은 시야가 필요합니다.

그러나 어떤 종류의 용서를 하든지 절대로 묵혀두면 안 됩니다. 분을 하루 넘게 품고 있지 말라는 것은 그날의 용서를 그날에 하라는 말씀입니다. 그렇기 때문에 지금까지 원한이나 가슴에 묵

어둔 것들이 많이 있다면 먼저 지금부터 정리해야 합니다. 우리를 참 어렵게 하는 것 중 하나가 용서하지 못하는 마음으로 사는 것인데 용서를 하지 못하는 것이 괴롭다는 걸 알수록 우리 자녀에게는 용서의 방법을 알려주고, 용서가 왜 중요한지를 가르쳐주어야 합니다.

용서하지 않는 마음으로 사는 것은 자신을 파괴하는 삶으로 이어집니다. 용서를 못하는 사람은 분노하게 되고 사람에 대한 미움으로 삶의 균형을 잃게 됩니다. 또 자녀를 양육하며 산다는 것은 어찌 보면 끊임없이 용서의 훈련을 해야 하는 자리이고 그 용서를 통해 자녀를 세우는 자리이기도 합니다.

"분을 그치고 노를 버리며 불평하지 말라 오히려 악을 만들 뿐이라"(시편 37:8절

용서가 어렵다고 생각된다면 나는 이미 엄청난 용서를 받은 사람이라는 것을 기억해야 합니다. 죄와 허물로 죽었던 곧 우리가 아직 죄인 되었을 때 예수 그리스도께서 십자가에서 죽으심으로 우리는 죄와 사망에서 구원받아 의롭다고 인정받게 된 사람이라는 것을 자녀에게 알려주는 것이 또한 용서를 가르치는 최고의 방법입니다. 우리가 용서 받았으니 우리 역시 용서의 삶이 몸에 배이게 살아야 합니다.

용서를 해야 하는 이유에 대해서는 앞에서 간략하게 알아봤지만 먼저 자기 자신에게 다음과 같은 유익이 있습니다.

1) 건강의 유익

용서하지 않는 것은 화의 상태가 유지 되는 것이며 이런 상태는 수많은 병의 원인이 된다는 것이 심리학자, 의학박사들의 공통된 입장입니다. 간단히 심장 마비확률만 해도 용서의 습관을 가진 사람은 그렇지 않은 사람에 비해 절반밖에 되지 않았습니다.

2) 정신의 유익

용서는 삶의 밝은 면을 보는 습관을 갖게 만듭니다. 다윗이 일생중에 했던 찬양이나 기도는 결코 평안의 때가 아닙니다. 오히려 절대로 용서할 수 없는 일을 겪을 때였습니다. 이처럼 용서는 인생의 밝은 면을 보게 하며 희망을 줍니다.

또한 용서는 받는 사람과 그 용서를 목격하는 사람들에게 다음과 같은 유익을 줍니다.

1) 감사의 깨달음

용서 받지 못할 사람들이 용서 받은 이야기는 분노의 인생에서 용서의 인생으로 돌아설 수 있는 반전의 기회를 제공합니다. 성경에 나오는 간음하다 현장에 잡힌 여인 이야기나 레미제라블의 장발장 이야기는 용서가 주는 감사를 보여줍니다. 하물며 부모가 직접 체험한 감사의 이야기를 듣는 자녀들에게는 더 없이 귀한 깨달음의 기회가 될 것입니다.

2) 용서로 인한 희망

용서 받은 사람의 가장 큰 기쁨은 다시 기회가 주어졌다고 생각하는 것입니다. 그렇기 때문에 잘못을 저질러 마음이 무거웠던 사람이 용서를 받으면 새로운 기회가 생기며 삶의 희망으로 이어집니다.

3) 용서의 영향력

용서 받은 사람은 용서할 줄 압니다. 우리의 자녀들이 용서를 배우는 것은 곧 다른 사람을 용서할 수 있는 영향력의 사람이 되는 것입니다. 용서를 하지 못하면 하나님께도 용서받을 수 없고, 나 자신을 용서할 수도 없습니다.

성경에 나오는 용서

성경에서 용서하면 가장 먼저 떠오르는 인물이 요셉입니다. 요셉은 어린 아이였던 자기를 노예로 팔았던 형들을 용서했고 기근의 때에 구해주었습니다. 형들이 요셉에게 한 짓은 두 말할 필요 없는 나쁜 일이었지만 요셉은 그 일을 통해서 하나님이 선하게 사용하셨다는 확신이 있었기에 조금의 망설임이나 분이 없이 형들을 용서할 수 있었고, 아버지와 행복한 재회를 할 수 있었습니다.

"요셉이 그들에게 이르되 두려워하지 마소서 내가 하나님을 대신하리이까 당신들은 나를 해하려 하였으나 하나님은 그것을 선으로 바꾸사 오늘과 같이 많은 백성의 생명을 구원하게 하시려 하셨나니 당신들은 두려워하지 마소서 내가 당신들과 당신들의 자녀를 기르리이다 하고 그들을 간곡한 말로 위로하였더라"(창세기 50:19-21)

또한 요나는 하나님께 용서를 받았습니다. 하나님의 명령을 거역하고 도망을 치다 물고기에게 먹혔으나 그 안에서 회개하고 다시 살아나온 요나는 하나님이 시키신 명을 따라 니느웨에 가서 사람들에게 경고를 했습니다. 그러나 하나님이 자기에게 베푸신 크신 용서는 잊고 회개한 니느웨 백성들을 용서한 하나님께 화를 내며 따졌습니다.

"요나가 매우 싫어하고 성내며 여호와께 기도하여 이르되 여호와여 내가 고국에 있을 때에 이러하겠다고 말씀하지 아니하였나이까 그러므로 내가 빨리 다시스로 도망하였사오니 주께서는 은혜로우시며 자비로우시며 노하기를 더디하시며 인애가 크시사 뜻을 돌이켜 재앙을 내리지 아니하시는 하나님이신 줄을 내가 알았음이니이다 여호와여 원하건대 이제 내 생명을 거두어 가소서 사는 것보다 죽는 것이 내게 나음이니이다 하니 여호와께서 이르시되 네가 성내는 것이 옳으냐 하시니라"(요나 4:1-4)

하나님께 같은 용서를 받았다 하더라도 그것을 사람에게 어떻게 적용하느냐에 따라 요셉의 인생이 되기도 하고 요나의 인생이 되기도 합니다. 하나님께 먼저 회개함으로 용서를 받고 그 은혜를 힘입어 다른 사람들을 용서하는 것이 성경적인 용서의 원리입니다.

용서를 하는 방법

용서는 어떻게, 몇 번이나 해야할까요? 사실 사람들은 용서가 필요한 일이며 반드시 해야하는 일인 걸 알면서도 쉽게 하지 못합니다. 혈기를 못 이기고 감정이 앞서기 때문입니다. 그러나 용서가 베풀어지면 용서를 받은 사람은 희망을 얻게 되고 꿈을 갖게 되고 미래가 아름답게 열립니다.

저는 저의 삶과 자녀들의 삶을 통해, 그리고 상담한 수 많은 학생들을 통해 이 사실을 수도 없이 체험하고 또 목격했습니다. 때로 어떤 용서는 진짜 아무것도 아닌 것 같지만 그 효과는 분명합니다. 그렇기에 정말 어려운 용서라도 그래도 계속 해야겠다는 결심을 먼저 부모가 해야 합니다. 그게 예수님의 말씀을 따라 사는 것이며, 우리 자녀에게 용서를 가르치는 가장 효과적인 방법입니다.

용서에 대한 문제 역시 성경에 모든 해답이 있습니다. 다음의 방법을 참고해 용서를 훈련하십시오.

1. 횟수를 세지 마라

예수님의 제자인 베드로는 용서에 대한 한계를 느끼고 예수님에게 이렇게 질문 했습니다.

"그 때에 베드로가 나아와 이르되 주여 형제가 내게 죄를 범하면 몇 번이나 용서하여 주리이까 일곱 번까지 하오리이까"(마태복음 18:21)

베드로가 가진 용서의 한계는 '형제'에게 '7번' 정도였습니다. 일반적인 시각으로 이 정도면 그리 나쁜 조건은 아닙니다. 그러나 예수님은 우리의 상식을 완전히 깰 정도로 파격적인 조건을 말씀하셨습니다.

"만일 하루에 일곱 번이라도 네게 죄를 짓고 일곱 번 네게 돌아와 내가 회개하노라 하거든 너는 용서하라 하시더라"(누가복음 17:4)

하루에 7번이나 죄를 짓고 7번이나 용서를 구한다해도 용서하라는 것이 예수님의 대답이며 성경 말씀입니다. 그러므로 우리가 가지고 있는 용서에 대한 개념을 고수하지 말고 값없이 받은 은혜를 따라 아무 생각 없어 용서를 구하는 사람에게는 용서를 베풀어야 합니다.

2. 사람의 한계를 인정하라

사람은 누구나 완전할 수 없습니다. 예수님은 이 사실을 알고 계셨기에 베드로의 부인을 알면서도 책망하지 않으셨고, 오히려 길 잃을 양을 치라고 맡겨주셨습니다. 사람에 대한 기대감을 완전히 내려놓을 때 예수님이 말씀하시는 무조건적인 용서가 가능하며 그 용서로 인해 진정한 마음의 평안을 얻을 수 있습니다. 매우 어려운 일이지만 하나님을 믿고, 말씀을 알고, 용서의 중요성을 아는 사람은 할 수 있는 일입니다.

"예수께서 그들을 보시며 이르시되 사람으로는 할 수 없으되 하나님으로는 그렇지 아니하니 하나님으로서는 다 하실 수 있느니라"(마가복음 10:27)

3. 용서하고 기억하지 마라

사람에게 기대감을 갖지 않기 위해 가장 중요한 것은 용서한 사실을 기억하지 않는 것입니다.

"저번에 한 번 용서해줬는데 또 이러면 안 되지"라는 반응이 나온다면 진짜 용서를 한 것이 아닙니다. 같은 날 같은 죄를 7번이나 지어도 7번 모두 용서하기 위해서는 내가 용서했다는 사실 자체를 잊을 정도의 용서를 해야 합니다.

"나 곧 나는 나를 위하여 네 허물을 도말하는 자니 네 죄를 기억하지 아니하리라"(이사야 43:25)

4. 용서 일지를 기록하라

노트를 한 권 사서 '용서해야 할 일, 용서 받아야 할 일, 그 밖의 용서' 3가지 항목으로 나눠 용서 목록을 적으십시오. 그리고 연락할 수 있는 사람에게는 직접 연락을 해서 용서를 하고, 또 구하면서 한 가지씩 목록을 지우십시오. 또한 연락이 불가능한 상황에서는 그냥 혼자서 기도를 하며 용서를 하고, 구하십시오. 이런 식으로 용서 목록을 하나씩 지울 때마다 용서를 통한 하나님의 참된 축복인 평안이 삶으로 스며들어올 것입니다.

"노하기를 더디 하는 것이 사람의 슬기요 허물을 용서하는 것이 자기의 영광이니라"(잠언 19:11)

어느 날 나침반출판사 김용호 대표가 방송 진행중에 "내가 천국으로 이민 갈 때, 할 수 있다면 영결식장 내 사진 밑에 이렇게 써 놓고 싶습니다"라고 한 말이 생각납니다.

"내게 잘못한 일이 있는 분이 있다면
모두 다 용서했으니 평안히 사십시오!
내가 잘못한 일로 힘든 분이 있다면
모두 다 용서하시고 평안히 사십시오!"
용서의 삶은 평안의 삶입니다.

"서서 기도할 때에 아무에게나 혐의가 있거든 용서하라 그리하여야 하늘에 계신 너희 아버지께서도 너희 허물을 사하여 주시리라 하시니라"(마가복음 11:25)

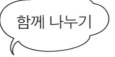

함께 나누기

　예수님이 용서에 대해서 우리에게 말씀하시는 것은 분명합니다. 그렇기에 진정한 용서를 자녀에게 가르치는 것은 자녀의 삶을 풍성하게 하는 힘이요 명품인생으로 인도해주는 길이 됩니다. 그리고 우리 가정의 주변의 관계까지도 평화롭게 하고 아름다운 환경으로 만들게 합니다. 그래서 용서는 인생을 가장 아름답게 가꾸는 방법입니다.

　용서에 대한 가장 후회되는 일과 기억되는 일, 지금도 용서하지 못하는 일들에 대해서 서로 마음을 열고 나누어 보십시오. 그리고 그 일들을 앞으로 용서할 수 있는지에 대해서도 솔직히 나누십시오.

　다음의 질문을 놓고 함께 나눠 보십시오.

❶ 용서 해본 경험이 있다면 그 후 어떤 변화가 일어났나요?

❷ 상대방과 상관없이 용서 한다는 게 정말 가능한 일일까요?

❸ 부모와 자녀 사이에 용서 원리가 원활히 작용하고 있나요?

❹ 지금도 용서하지 못한 일들은 어떤 일들인가요?

❺ 말씀과 기도를 통해 용서의 마음이 품어질 수 있을까요?

8

순종

순종지수 체크리스트

아래 질문에 「매우 그렇다」면 ( )안에 10을, 「매우 그렇지 않다」면 0을 표시하되, 그 사이는 본인이 적당한 점수를 쓰십시오.

01	부모님의 말에는 일단 순종하고자 한다.	
02	어려워도 해야되는 일에는 신경을 쓰는 편이다.	
03	말씀이 이야기하는 권위에 대해서 알고 있다.	
04	나의 의지와 생각보다도 성경말씀이 옳다고 생각한다.	
05	매번은 아니지만 말씀을 따라 살려고 노력한다.	
06	자녀들에게 순종의 훈련을 시키고 있다.	
07	자녀들에게 순종의 바른 본을 보이고 있다고 생각한다.	
08	설교를 듣고 깨달은 것은 곧바로 적용한다.	
09	진정한 순종과 강요, 명령의 차이점을 알고 있다.	
10	순종의 우선순위에 대해서 제대로 알고 있다.	
※ 위에 기록한 점수를 합산하십시오. 그 점수가 순종지수(%)일 수 있으나, 정확한 것은 아니니 참고만 해 주십시오.		

　'손세이셔널' 손흥민 선수는 지금 독일에서 전성기 차범근 선수만큼의 활약을 보이며 세계적으로 인정받고 주목받는 선수입니다.

　이 손흥민 선수의 성공 뒤에는 혹독한 훈련을 시킨 아버지 손웅정 씨가 있었는데, 손웅정 씨는 손 선수가 어렸을 때부터 아주 독특한 방법으로 교육시켰습니다. 본인이 선수 시절에 마음먹은 대로 경기하지 못했던 것은 공을 다루는 기본기가 부족했다는 생각에 자기 아들은 체력훈련이나 경기를 뛰지 못하게 하고 오로지 공을 다루는 기본기 훈련만 시켰습니다.

　우리나라에 손흥민 선수처럼 훈련 했던 사람은 아무도 없었고, 빨리 경력을 쌓고 실전 감각을 쌓아야하기 때문에 무리해서라도 경기에 뛰게 하려고 모든 선수와 부모들이 노력을 했는데, 손흥민 선수는 축구를 시작한지 8년 만에 첫 번째 경기를 뛰었을 정도로 기본기에 집중했습니다.

　한창 성장기 때 체력운동과 경기를 뛰다보면 괜히 다치고 기본기가 아닌 요령에 치중할 수 있다는 생각이었습니다. 이런 생소한 훈련법에 적응하기란 쉽지 않았을 것입니다. 그러나 손흥민 선수는 아버지를 믿고 8년이 넘게 부지런히 훈련에 순종했고, 그 결과 지금의 뛰어난 기량을 갖추게 되었습니다.

다른 동료들이 성장하며 경기를 뛰고, 또 실적을 쌓는 모습을 보면서 오로지 기본기 훈련만 하는 일은 결코 쉽지 않은 일이었을 것입니다. 그러나 아버지에 대한 신뢰감이 손흥민 선수를 순종하게 만들었고, 그렇게 8년이 넘는 고된 시간이 마침내 결실을 맺게 되었습니다.

옳은 신뢰와 방법을 바탕으로 이루어지는 순종은 이처럼 새로운 길을 개척하고 성과를 내게 합니다. 또한 여러운 갈림길에서 옳은 선택을 할 수 있는 힘이 되기도 합니다.

미국의 초대 대통령인 조지 워싱턴은 링컨 못지않게 큰 존경을 받는 대통령입니다.

조지 워싱턴은 총사령관으로 미국의 독립을 이끌었으며 의무를 다한 뒤 어떤 보상도 바라지 않고 조용히 고향으로 돌아갔습니다. 그러다 미국의 독립이 다시 위기에 처하자 발 벗고 나서서 대통령이 되었으며 미국이란 나라가 분명한 독립국이자 민주주의국가가 될 수 있는 튼튼한 기반을 다졌습니다.

워낙 정치를 잘해 모든 사람들이 조지 워싱턴을 다시 대통령으로 삼으려했으나 워싱턴은 민주주의의 기틀을 세워야 한다며 미련 없이 임기를 마치고는 다시 고향으로 떠났습니다.

이런 조지 워싱턴의 어머니에게 많은 사람들이 양육의 비결을 물었는데 그때마다 어머니는 이렇게 대답했습니다.

"저는 단지 늘 어려서부터 하나님의 말씀을 듣고 그 말씀에 순종하라고 가르쳤을 뿐입니다."

어려서부터 자녀들에게 가르쳐야할 중요한 성품이 바로 순종입니다. 하나님이 주신 무한한 가능성을 지닌 보석과도 같은 우리 자녀들이지만 어른이 되기까지는 그 재능이나 은사가 무엇인지, 어떻게 발현해야 하는지에 대해서는 조금도 알지 못합니다. 그러나 부모의 올바른 지도에 따라, 또 말씀에 따라 순종하는 성품을 가진 자녀들은 소중한 청소년기에 하나님이 주신 달란트를 발견하고 이를 재산으로 미래의 인생을 설계할 수 있습니다.

저는 조금 혹독하다 싶을 정도로 어려서부터 자녀들에게 순종을 가르쳤습니다. 모르는 사람이 보면 조금 너무하다 싶을 정도였는데 한 번은 우리 둘째인 희찬이가 저를 찾아와 이런 말을 한적이 있습니다.

"엄마, 제가 여기 미국에 있는 고등학교 들어와서 생각해보니까 엄마에게 정말로 감사한 게 있어요. 제가 그렇게 노느라고 하기 싫어했던 바이올린 있잖아요? 사실 그거 엄마가 시켜서 거의 억지로 하기 시작한 거거든요. 그런데 여기 와서 보니까 내가 3년 동안 유학 와서 그것도 학교를 공짜로 다닐 수 있게 된 것이 그렇게도 싫었던 바이올린 때문이더라고요.

정말 그때 말 안 듣는 저를 이렇게 포기하지 않는 것도 힘들었을텐데 때리고 욕해서라도 바이올린 할 수 있게 만들어주셔서 감사해요. 엄마가 그렇게 안 해줬으면 여기 유학도 못오고 장학금도 못 받았을 거예요."

순종을 가르치는 것은 부모가 아닌 자녀의 인생에 있어서 정말 필요합니다. 아직 갈길을 모르는 자녀에게 올바른 길을 제시하는 것은 부모가 반드시 해야 할 일이기도 합니다.

목자의 말에 순종하는 한 마리의 양치기 개는 3천 마리의 양을 이끕니다. 이처럼 순종할 줄 아는 한 사람의 자녀의 미래는 많은 사람에게 좋은 영향력을 미칠 리더의 가능성을 품게 됩니다.

순종의 정의

순종은 어떤 일을 시키는 대로 복종하는 것을 뜻합니다.

하나님은 성경적인 원리를 통해 무엇에 순종해야 하며 어떻게 순종해야 하는지를 분명히 말씀해 주셨지만 지금 우리 사회에는 이런 순종의 원리가 완전히 무너진 상태입니다.

자녀들은 더 이상 부모들을 공경하지 않고, 학생들은 선생님과 웃어른을 무시합니다. 지금 가정과 사회에서 일어나는 많은 좋지 않은 일들은 기본적으로 이 순종의 원리가 무너졌기 때문에 생기는 일들입니다.

최근 들어 많은 젊은 부모들이 어려서부터 아이들의 생각을 존중해주고 받아줘야 한다고 생각하지만 아직 개념이 안 잡힌 아이들을 무조건 수용하면 산만하고 열매가 없습니다.

물론 경우에 따라 아이의 뜻을 인정하고 받아들여줘야 할 때도 있지만 어린 나이에는 대부분 어르고 달래서라도 부모의 뜻에 순종하게 만드는 것이 중요합니다. 내 욕심이 아니라 정말 아이의 미래에 필요하고 또 재능이 있다고 생각되는 것이 있다면 어느 정도 강하게 미뤄 붙일 줄도 알아야 열매가 나오고 아이에게 미래를 열어갈 수 있는 문이 하나 더 열리기 때문입니다.

　성경이 말하는 「순종」은 '위에 하나님께 아래 있는 사람이 귀를 기울여 듣는 것'입니다. 「순종」이라는 뜻으로 사용된 원어들을 보면 헬라어 '휘파쿠어', '아쿠오', 히브리어 '솨마' 등이 있는데 모두 '아래에', '듣다'라는 뜻이라고 합니다. 그렇기 때문에 순종을 훈련시킨다는 것은 결국 부모의 말에, 또 하나님의 말을 잘 듣게 만드는 것입니다.
　또한 누가복음에서는 순종의 뜻으로 사용된 '타쏘'라는 원어는 '명령을 내리다'라는 뜻이라고 합니다. 따라서 자녀에게 옳은 명령을 내리는 것 역시 부모의 입장에서는 순종입니다. 한 마디로 순종은 하나님께 귀를 기울여 듣는 것이며 그 말씀을 명령으로 받아 실행하는 것입니다.
　반대로 불순종의 '파라코에'는 '옆 귀로 흘려듣다'라는 뜻으로 순종과 불순종의 차이는 결국 하나님, 그리고 위의 사람에게 얼마나 귀를 기울이며 그 뜻을 이해하는가에 달려 있습니다.

　저는 자녀들이 유치원 때부터 순종을 강조하면서 훈련을 시켰습니다. 아이들에게 부모의 말이 안 먹히면 교육이 제대로 될 리가 없습니다. 가장 가깝고 순종해야할 부모의 말이 안 먹히는데 선생님의 말, 어른들의 말을 들을 리가 없기 때문에 부모의 말에 불순종하는 순간 거기서 교육은 끝나버립니다.

저는 그동안 피아노를 통해 아이들을 가르치면서 선생님이 하라는 대로 해야지 빨리 성장을 한다는 걸 알기 때문에 아이들이 어릴 때부터 순종의 원칙을 가르쳤습니다. 제가 가르치는 걸 하는 척만 하고 결국 자기 하고 싶은 대로 하는 아이들은 실력이 절대로 늘지 않습니다. 마찬가지로 부모나 선생님에게 결국 순종을 안 하면 결과가 없습니다. 그래서 하나님도 "순종이 제사보다 낫다"고 하신 것입니다. 순종을 해야 결과가 나온다는 원리인데 성적이나 신앙이나 성품이나 모두 똑같이 적용됩니다.

초대교회의 그리스도인들은 예수님의 본을 따르는 사람이기에 '순종의 자녀'라고 불렸습니다. 하나님이신 예수님이 이 땅에 오셔서 인간들을 위해 십자가에 달려 돌아가신 그 모습이 세상에서 가장 숭고한 희생이자 순종이었기 때문입니다.

또한 성경은 순종의 시험을 통과하는 사람에게 영생의 복이 임하고, 하나님의 권속이 되는 축복이 임한다고 약속하고 있습니다. 그러므로 우리 자녀들이 날 위해 돌아가신 예수님을 분명히 체험하고 십자가의 희생을 기억한다면 자연스럽게 순종하게 되며 또한 하나님이 주시는 복을 받게 됩니다. 그렇기에 그 복을 자녀와 함께 누리기를 원한다면 무엇보다 순종을 가르쳐야 합니다.

그리고 어떤 것에 순종해야 하는지 부모도 함께 고민하며 말씀을 묵상해야 합니다.

순종의 유형과 순종해야 하는 이유

저희 아이들의 경우 다른 아이들에 비해서는 어려서부터 순종을 잘하는 편이었습니다. 아이들이 좀 자라고 나서는 저도 신기해서 '애들은 다른 아이들과 다르게 왜 그렇게 순종을 잘할까?' 하는 생각을 해봤는데, 아주 어렸을 때부터 순종을 가르쳤던 것이 빨리 효과를 본 것 같았습니다.

보통 어렸을 때는 아이들이 집중력이 없어서 음악 연습 같은 경우도 하기 힘들어 하는데, 그런 걸 훈련시키면서 저절로 순종을 배웠던 것 같습니다. 신앙이나 실력처럼 순종도 훈련이기 때문입니다. 물론 아이들이 어려서부터 순종을 가르친다는게 쉽지는 않습니다. 그러나 반드시 필요하며 또 해야 하는 과정입니다.

둘째 희찬이는 순종을 가르치는데 반항 아닌 반항을 해서 애를 좀 먹었는데 그에 비해서 성찬이는 언제나 100% 순종을 했습니다. 하라는 대로 하니까 소처럼 우직하게 항상 성과를 내서 공부도 그렇고 음악도 언제나 탑이 될 수 있었는데 나중에는 그런 결과가 나올 수 있었던 것이 엄마가 어려서부터 기초를 제대로 잡아줬기 때문이라는 말로 간접적으로 고마움을 표시했습니다.

당장에 눈에 띄게 특출하진 않아도 기초가 잡혀있어서 미래를 보고 유명한 선생님들이 가르치고 기회를 준 경우가 많았기 때문인데 이런 열매가 맺힐 때마다 그동안 인내하며 힘들게 참고 순종했던 시간들의 보상이 되었습니다. 이처럼 순종의 과정은 좀 힘들고 어려워도 좋은 결과로 이어지기 때문에 과정은 힘들어도 결국 아이입장과 부모 입장에서 치유가 되면서 회복이 됩니다.

하루아침에 순종을 가르칠 수는 없겠지만 그래도 부모가 포기하지 않고 노력한다면 그 열매를 통해 더 탐스럽고 많은 열매를 맺을 수 있는 거목으로 우리 자녀가 자라나게 됩니다.

그럼 부모들은 자녀들에게 어떤 종류의 순종을 가르쳐야 할까요? 가장 기본적인 부모에 대한 순종 외에도 성경 말씀에는 우리가 살아가면서 순종해야 하는 대상과 방법에 대해서 아주 자세하게 나와 있습니다.

성경이 말하는 순종에는 크게 다섯 가지 종류가 있습니다.

1. 하나님의 말씀을 따르는 순종.

성경에 전체적으로 나오는 큰 줄기는 하나님께 순종한 사람들과 불순종한 사람들의 이야기입니다. 우리를 창조하신 하나님의 말씀을 따르는 것은 너무나 당연한 일이며 또 가장 중요한 일입니다. 다른 무엇보다도 가장 우선시 되어야 할 순종입니다.

2. 자녀가 부모에게 하는 순종.

하나님이 사람을 창조하시고 가장 처음으로 생긴 공동체가 바로 가정입니다. 그러므로 이 가정에서도 부모님을 중심으로 순종의 기반이 탄탄하게 세워져야 합니다. 그러나 성경은 또한 자녀의 순종 못지않게 자녀를 향한 부모의 사랑도 중요하게 강조하고 있다는 사실을 잊어서는 안 됩니다.

3.제자가 스승에게 하는 순종.

잠언 5장에는 스승에게 순종하지 않을 때 어떤 후회를 하는지에 대해서 나옵니다. 세상의 지식을 배우는 선생님에게 순종하는 것도 중요하지만 말씀을 가르치는 영적인 스승님에게 순종하는 것 역시 매우 중요합니다. 스승에게 순종하지 않는 사람은 성장할 수 없으며 남을 가르칠 수도 없습니다.

4. 국민이 위정자에게 하는 순종.

국민이 위정자에게 하는 순종이 나오는 로마서 13장이 기록되던 때의 상황은 위정자들이 오히려 기독교를 핍박하던 때였습니다. 그러나 그럼에도 성경은 일단 위정자에게 순종을 하라고 권면하고 있습니다. 당시의 기독교인들은 이 원리를 인정하면서도 자신들의 방법으로 믿음과 신앙을 지켜나갔고, 그 순종과 희생으

로 지금처럼 기독교가 전 세계로 퍼져나갈 수 있었습니다. 사회에 불만을 가지고 잘못된 제도는 합리적으로 고쳐나가는 것이 맞고, 성도들은 이런 일들을 마땅히 해야 합니다. 그러나 순종을 통한 방식과, 말씀의 원리가 있다는 것 역시 자녀들에게 가르쳐야 합니다.

그러나 무엇보다도 가장 중요한 순종은 하나님의 말씀을 따르는 것입니다. 하나님의 말씀을 따르는 순종에 어긋나지 않는다면 나머지 순종 역시 중요한 것이며 설령 불합리한 상황에 처해 있다 하더라고 기본적인 존중과 순종을 통해 문제를 해결해나가야 합니다.

성경에 나오는 순종

성경에서 순종을 했던 사람들을 살펴보면 모두 하나같이 하나님을 100% 신뢰하는 믿음이 있었고 또한 비전이 있었던 사람임을 알게 됩니다.

비를 한 번도 본적이 없던 시대에 살았던 노아는 하나님의 말씀만 듣고 거대한 방주를 사람들의 놀림을 당하며 만들었습니다. 아브라함은 하나뿐인 자기 아들인 이삭을 번제로 드리려고 했으며, 나아만은 엘리야의 말을 듣고 강물에 몸을 씻고 병 고침을 받았습니다.

에스더는 목숨을 걸고 왕에게 나아가 하만의 간계를 알렸고, 그로 인해 이스라엘 백성들을 멸절될 위기에서 구원받을 수 있었습니다.

"에스더가 모르드개에게 회답하여 이르되 당신은 가서 수산에 있는 유다인을 다 모으고 나를 위하여 금식하되 밤낮 삼 일을 먹지도 말고 마시지도 마소서 나도 나의 시녀와 더불어 이렇게 금식한 후에 규례를 어기고 왕에게 나아가리니 죽으면 죽으리이다 하니라"(에스더 4:15-16)

광야에 숨어살던 모세는 80살의 나이에 이스라엘 백성을 당대의 초강대국인 이집트로부터 탈출시키기 위해서 혼자 왕을 찾아갔습니다. 다니엘은 왕의 명령을 어기면서까지 하나님께 기도하는 시간을 지켰고, 그것도 숨기지 않고 당당하게 문을 열고 사람들에게 보여주었습니다.

"다니엘이 이 조서에 왕의 도장이 찍힌 것을 알고도 자기 집에 돌아가서는 윗방에 올라가 예루살렘으로 향한 창문을 열고 전에 하던 대로 하루 세 번씩 무릎을 꿇고 기도하며 그의 하나님께 감사하였더라"(다니엘 6:10)

둘째 희찬이는 목사님이 꿈이어서 어려서부터 성경을 많이 읽었는데, 그러면서 말씀을 통해 순종에 대해서 배우게 되었다고 종종 말을 했습니다. 이처럼 성경에 성공한 사람들의 모습을 자주 자녀들에게 말해주고 또 생각하게 하는 것도 순종의 자세를 배우는 데에 큰 도움이 됩니다.

성경에 나오는 순종의 사람들은 모두 순종할 수 없는 상황, 믿음이 약해질 상황에 처해있었습니다. 가진 것이 없었고, 아는 것이 부족했고, 때로는 목숨을 걸어야 했습니다. 그러나 그런 상황일지라도 말씀에 순종하자 어떤 일이 일어났는지 우리는 성경을 통해 배울 수 있습니다. 그러므로 말씀에 순종할 때 어떤 일이 일어나며 하나님이 어떻게 역사하시는지를 먼저 자녀들에게 가르쳐야 합니다.

순종을 가르치는 방법

순종을 가르치는 것은 이론보다는 실천이며 방법보다는 끈기입니다. 저는 순종을 가르치기 위해서 가장 필요한 것은 자녀에게 단순히 옳은 명령을 내리고 결과를 판단하는 것이 아니라 함께 하며 이해시키는 것이라고 생각을 합니다. 그 과정을 조금 세분화하면 다음의 5가지 방법으로 구분할 수 있습니다.

1. 순종의 이유와 원리에 대해서 가르친다.

부모된 입장으로 자녀들에게 무조건 하나님과 부모에게 순종을 하라고 가르치면 자녀 입장에서는 반항을 하게 되고, 부모의 입장에서 강요를 하는 것처럼 생각하게 됩니다. 그렇기에 먼저 순종을 해야 하는 이유와 원리, 그리고 성경이 말하는 순종에 대해서, 즉 예수님과 하나님의 말씀에 순종한 사람들에 대해서 말해주어야 합니다.

다그치며 조급하게 굴기보다는 자녀가 마음을 열고 스스로 순종의 중요성을 알게 될 때까지 감성적으로 다가가는 것이 좋습니다. 그러나 대부분 부모들은 자녀들이 조금만 싫은 기색을 보여도 "너 지금 뭐라 그랬어? 반항하는 거야?"라고 소리치며 쥐잡듯이 잡기 일쑤입니다. 물론 저도 어느 정도는 순종을 강압적으로 가르쳐야 한다고 말했지만 그 방법에 있어서는 조금 유순하게 적용을 해야 합니다.

우리 아이들은 어려서부터 콩쿨을 종종 나갔는데, 좀 이름 있는 콩쿨같은 경우에는 상당히 많은 연습이 필요합니다. 그런데 애들 입장에서는 놀기도 해야 되고 학교도 다녀야 되니까 스스로 시간을 투자하려고 마음을 먹는 데에는 한계가 있습니다.

그러나 이미 그 과정을 지나온 저는 그게 왜 필요한지 알기 때문에 왜 지금 친구들이랑 조금 덜 놀고, TV를 조금 덜 보고서라도 이 힘들고 어려운 길을 이겨내고 극복해야 하는지 아이들을 앞에 앉혀놓고 차분히 대화를 시도합니다. 그러면 처음에는 못놀게 해서 잔뜩 풀이 죽어 있던 아이들의 얼굴이 서서히 펴지면서 납득을 합니다. 물론 납득을 해도 힘들지만 그래도 스스로 이해를 했기 때문에 알아서 극복을 하려고 합니다.

어른들도 힘들어하는 연습인데 아이들이 힘들어하는 건 당연합니다. 그러나 스스로 생각이 변하게 차분히 대화를 하면서 필요성을 알려주면 아이들이 자발적으로 순종을 하며 다음 레벨로 올라가려 노력합니다.

2. 자녀들의 눈높이를 맞춘다.

아이들이 아주 어렸을 때부터 저는 연습을 되도록 오래 하도록 지도를 했는데 가끔은 매우 난해한 곡이 과제나 지정곡으로 나올 때가 있습니다. 다른 곡을 보통 10번 한다치면 이 곡은 30번 이상을 해야 겨우 소화할 수 있을 정도의 수준인데 이때는 아이들이 진짜 힘들어합니다. 힘들다고 계속 투정부리고 차분히 대화를 해도 별로 효과가 없다고 느껴질 때가 있는데 그럴 때는 무작정 다그치거나 효과도 없는 대화를 계속 하기보다는 잠시 에너지 충전을 위해서 더 놀아주기도 하고 바람도 쐬고 맛있는 것도 먹이면서 기분 전환을 시켜줍니다.

물론 엄마의 입장에서는 많은 시간을 투자해야하는 굉장한 희생이지만 아이들에게는 큰 도움이 됩니다. 이처럼 아이들 수준에 맞춰서 때로는 쌓인 스트레스를 해소하려는 노력도 필요합니다. 아이들에게 눈높이를 맞추고 자녀의 상태를 가장 잘 파악할 수 있는 것은 부모입니다. 모든 자녀들이 설령 재능이 있다 하더라도 이미 성장한 어른의 기대를 100% 충족할 수는 없다는 사실을 기억하고 조급해하기 보다는 여유를 가지고 때때로 풀어주십시오.

3. 본을 보이며 함께한다.

부모들이 자녀에게 순종을 가르치는 일반적인 방식은 이렇습니다. 먼저 자녀들에게 공부나 숙제를 하라고 말로 한 뒤에 TV를 보거나 취미생활을 합니다. 그렇게 몇 시간 있다가 갑자기 "공부는 했니?", "숙제는 했어?" 이렇게 뜬금없이 확인을 하며 전쟁이 시작됩니다.

그러나 저의 경우는 옛날부터 애들한테 연습을 시키거나 할 때는 말로만 시키고 떠나지 않고 함께 참여하거나 끝까지 제대로 수행을 하나 안하나 지켜봤습니다. 그래야 아이들이 힘들어하는지 어떤지 상태도 파악이 되고 그때그때 상담도 해주고 격려도 해주고 놀아주기도 할 수 있습니다.

이렇게 무작정 시키고 나몰라라 한 것이 아니라 시킨 일을 완수할 수 있도록 함께 했던 것이 아이들이 이겨내는데 큰 도움이 되었습니다. 아이들도 제 요구에 맞춰서 연습을 하는 것이 쉽지 않았겠지만 부모인 저도 매번 연습과 예배 때마다 그렇게 체크하는 것이 결코 쉬운 일은 아니었습니다. 그런 것을 서로가 알았기에 순종의 과정을 통해 서로 의지하며 격려하며 지금까지 걸어올 수 있었습니다.

이 과정을 통해서 분명 아이들이 성장하는 것을, 그리고 순종을 배우는 것을 확인했기에 저는 자녀와 부모가 함께 하는 것이 특히 순종을 가르치는 부분에 있어서는 매우 중요하다고 생각합니다.

또한 제대로 본을 보여아 합니다.

순종에 대해서 자녀에게 가르치는 가장 확실한 방법은 본을 보이는 것입니다. 자녀에게 하나님과 부모, 그리고 선생님들에게 순종하라고 가르치면서 정작 나의 부모님께는 제대로 연락도 드리지 않고, 교회에서의 이중적인 모습들을 보여준다면 부모의 말을 듣고 순종할 자녀는 아무도 없을 것입니다. 자녀에게 순종을 가르치기에 앞서서 먼저 부모인 내가 본을 보이고 있는지 점검해야 합니다.

4. 순종과 불순종을 분명히 나눠서 대우한다.

둘째 희찬이는 운동, 특히 축구를 좋아하고 인간관계도 좋아서 어려서부터 방과 후에 몰려다니면서 노는 일이 많았습니다. 한번은 악기 연습을 하기로 했는데도 운동을 하느라 알면서도 일부러 빼먹은 적이 있었습니다.

저는 이럴 때면 한 번도 그냥 넘어가지 않고 아주 호되게 군기를 잡습니다. 즉, 순종을 안 하면 처벌이라는 것을 분명하게 주입시킵니다. 약속을 어기고 들어오면서 자기도 불안한지 표정이 풀이 죽어 있었지만, 어린 마음에 친구들과 더 놀고 싶은 마음을 알지만 그럼에도 약속을 어겼고, 순종을 하지 않았기 때문에 대가를 치러야 한다고 생각해 엄히 다스렸습니다. 그러면 그제야 이런 저런 핑계를 대며 어쩔 수 없었다고 하지만, 그래도 말로 야단치고 심한 경우 체벌을 하기도 하면 다음에 같은 상황이 와도 친구랑 놀기보다는 연습을 하려고 하는 성향이 더욱 강해지고 친구들에게 휘둘리기 보다는 친구에게도 부모에게도 확실히 지킬 수 있는 약속만 할 수 있게 자립심도 더욱 강해집니다.

5. 신앙도 훈련시킨다.

순종이란 부모의 말과 생각이 아니라 하나님의 말씀에 근거해 자녀를 교육시키고자 하는 부모의 말과 생각에 자녀가 따르게 하는 것입니다. 하나님께 의지하는 부모여야만 그 부모에게 순종하는 자녀가 잘되고 명품이 되는 것은 당연합니다. 그렇기에 자녀와 하나님과의 직접적인 관계가 잘 형성되도록 하는 것이 중요합니다.

우리 아이들은 주일날도 반주를 해야 돼서 초등학교 때부터 어른 예배를 끝까지 드려야 했습니다. 이것도 신앙훈련과 순종을 가르치려고 한 것이지만 아이 입장에서는 솔직히 힘들다는 것을 저도 알고 있었습니다. 그렇지만 4,5년은 어르고 달래며 유지를 시키니 이후로는 자동으로 참석을 하고 또 그 과정에서 은혜를 받아 신앙이 더욱 굳건히 서는 것을 보게 되었습니다. 가능하면 아이들도 부모와 함께 어른 예배에 참석하는 것이 좋다고 생각합니다. 공통된 대화도 할 수 있고 평생 기억에 남아, 커서도 예배에 성실히 참여하게 되니까요. 예배에 순종을 하며 하나님께 순종하는 법을 배우는 것이 모든 순종의 근본이기 때문입니다.

순종 중에서 가장 중요한 하나님을 향한 순종을 배우기 위해서는 부모의 가르침으로는 한계가 있어 우선 예배 생활을 바로 세워야 합니다. 기도와 말씀을 통해 하나님의 뜻에 귀를 기울이고 그 마음을 알기 원할 때 나를 향한 하나님의 사랑이 얼마나 크고 귀한 것인지 알게 되고, 저절로 순종하게 됩니다.

반항하는 자녀들로 고민을 하는 부모들이 있다면 먼저 신앙을 바로 세우기 위해 노력해야 합니다. 신앙이 바로 서면 인격이 변화되고 성품이 새로워지며 저절로 순종하게 됩니다.

자녀에게 일단 순종하라고 요구하는 것은 어찌 보면 아주 불합리해보이고 강압적으로 느껴지기도 합니다. 그런데 우리 아이들의 경우에는 희한하게도 이처럼 부모 말에 순종할 때 손해가 없다는 것을 초등, 중등, 고등학교 때부터 지금까지 자기들이 스스로 깨달으며 점점 알아서 순종하는 모습이 되어 갔습니다.

하나님께 하는 순종 역시 마찬가지였습니다. 순종이라는 성품을 통해서 변화되고 성공하는 자녀들을 바라보며 저는 인격과 인성이 결국 미래를 책임지는 것이라는 걸 깨달았고, 그러므로 순종을 더욱 중요하게 여겨야 하고 가르쳐야 합니다.

"젊은 자들아 이와 같이 … 순종하고 다 서로 겸손으로 허리를 동이라 하나님은 교만한 자를 대적하시되 겸손한 자들에게는 은혜를 주시느니라" (베드로전서 5:5)

함께 나누기

　인생은 언제나 두 가지 갈림길에서의 선택입니다.

　하나님께 순종하는 사람은 룻의 길을 가는 사람이고 야곱과 같이 하나님께 사랑을 받는 사람입니다. 그러나 불순종하는 사람은 롯의 길을 가는 사람이고 에서처럼 하나님을 기쁘게 하지 못하는 사람입니다. 나의 자녀가 하나님께 사랑받는 자녀가 되게 하고 싶다면 우선 순종을 가르쳐야 합니다.

　예수님은 세상에서 가장 귀한 순종의 본을 보이셨고, 그 본을 통해 가르치셨습니다. 마찬가지로 그 본을 따라 우리도 순종해야 하고 또한 자녀에게도 순종을 가르쳐야 합니다. 지금 나의 삶이 온전한 순종이 있는 삶인지 점검하고 가장 힘든 순종이 무엇인지, 또 자녀에게 순종에 대해서 제대로 가르치고 있는지 함께 나누십시오.

　다음의 질문을 놓고 함께 나눠 보십시오.

❶ 순종이 항상 옳은 것일까요?

❷ 잘못된 순종에는 어떤 것이 있을까요?

❸ 순종을 효과적으로 교육시키는 방법은 무엇일까요?

❹ 나는 순종을 잘 하는 편인가요?

❺ 자녀들의 삶에서 순종의 모습이 충분한가요?

9

습관

습관지수 체크리스트

아래 질문에 「매우 그렇다」면 ( )안에 10을, 「매우 그렇지 않다」면 0을 표시하되, 그 사이는 본인이 적당한 점수를 쓰십시오.

01	의도적으로 유지하고 있는 습관이 있다.	
02	의도적으로 없앤 버릇이 있다.	
03	고쳐야할 습관이 무엇인지 정확히 인지하고 있다.	
04	습관이 인생의 큰 영향을 미친다고 생각한다.	
05	습관을 효율적으로 관리하고 기록하고 있다.	
06	습관은 의지력만으로 되는 것이 아님을 알고 있다.	
07	사람들에게 지적을 받을만한 버릇이 거의 없다.	
08	경건 생활을 위한 습관이 중요하다고 생각한다.	
09	지속적인 경건 생활을 유지하고 있다.	
10	좋은 습관의 본을 주위 사람, 자녀들에게 끼치고 있다.	
※ 위에 기록한 점수를 합산하십시오. 그 점수가 습관지수(%)일 수 있으나, 정확한 것은 아니니 참고만 해 주십시오.		

　미국의 자기계발 전문가이자 가장 영향력 있는 글로거 중의 한 사람인 스티븐 기즈는 타고난 허약 체질이었습니다.

　그러다 문득 건강한 몸을 만들기로 마음을 먹고 매일 운동을 하기 시작해 몇 년 만에 근육질의 몸매를 만들었는데, 새로운 운동을 시작하며 그가 몇 달간 반복했던 운동은 '팔굽혀펴기 1회'였습니다. 그는 자신이 이 작은 습관을 통해 이룬 성과를 '팔굽혀펴기 1회의 도전'이라는 제목으로 블로그에 글을 올렸고, 이 글은 그의 블로그를 「2012년 미국 네티즌들이 뽑은 가장 영향력 있는 사이트」로 만들어주었습니다.

　남들이 보기엔 팔굽혀펴기 1회라는 아주 우스운 목표였지만 그 우스운 목표가 운동을 습관으로 만들어주었고 결국 하루에 1,2시간씩 무리한 목표를 잡고 운동하다가 1,2달 만에 포기하는 수많은 사람들보다 훨씬 나은 결과를 이끌어내었습니다.

　우리는 일반적으로 어떤 습관을 만들 때 큰 목표를 잡고 소위 말하는 '정신력'으로 극복해야 한다고 생각합니다. 그러나 사람의 의지는 생각보다 강하지 않기에 이런 '정신력'만으로는 대부분 습관을 만들기 전에 포기하게 됩니다. 하지만 아무리 사소한 도전이라도 먼저 습관으로 형성되면 그 습관을 가지고 성장시키는 것은 아주 쉬운 일이 됩니다. 그래서 부모가 사소한 것이라도 먼저 좋은 습관을 자녀에게 만들어주는 것이 반드시 필요하며, 한 번 그렇게 만들어주면 자녀들은 알아서 그 습관을 통해 성장해 나가게 됩니다.

좋은 습관으로 유명한 또 다른 사람은 벤자민 프랭클린입니다. 벤자민 플랭클린은 평생 13가지 덕목에 대한 목표를 세워놓고 평생 지키려 노력했고, 또 시간과 할 일을 명확히 계획하는 습관을 들였는데, 그 습관을 통해 철학, 정치, 행정, 과학 등 다양한 분야에서 이름을 남기는 위인이 될 수 있었습니다. 그의 시간 관리하는 습관을 본 따 만든 것이 바로 오늘 많은 사람들이 사용하는 프랭클린 플래너입니다.

좋은 습관은 성품과 인성에도 연관되어 있습니다. 요즘 엄마들은 습관하면 공부와 성공에 관련된 것들만 생각을 하는데, 이런 좁은 생각으로는 정말로 자녀를 위한 습관이 무엇인지 깨달을 수 없습니다. 벤자민 프랭클린처럼은 아니더라도 성적을 넘어서는 넓은 영역의 좋은 습관에 대해서 생각하고 있어야 우리 자녀들을 위한 좋은 습관이 무엇인지, 어떤 부분에 좋은 습관을 함께 만들어가야 하는지 알 수 있습니다.

저는 위의 사람들처럼은 아니지만 그래도 습관을 중요성을 깨닫고 어려서부터 좋은 습관을 들이도록 아이들에게 신경을 많이 썼습니다. 특히 초등학교 때부터는 더더욱 신경을 많이 써 직접

멘토와 가이드의 역할을 자처했는데, 엄마로서도 정말 쉽지 않은 일이었지만 그래도 아이들이 중학생이 되자 스스로 연습과 공부, 신앙생활계획을 세워 착실히 스스로 관리하기 시작했습니다. 이후로는 자녀들이 알아서 자신의 인생의 목표를 가기 위한 계획을 세우고 실천했기 때문에 별 다른 걱정없이 그저 기도하며 뒤에서 응원해주기만 하면 되었습니다.

이처럼 자녀의 긴 인생을 가장 확실히 책임져주는 것은 바로 좋은 습관입니다. 특히 어려서부터 다양한 영역에 있어 좋은 습관을 들이도록 이끌어주는 것이 매우 중요합니다.

습관의 정의

습관은 한 사람의 인생을 지배한다고 표현해도 과언이 아닐 정도로 중요한 성품의 요소입니다.

윌리엄 제임스는 습관은 바꾸는 것만으로도 인생을 바꿀 수 있다고 말했고, 도스토예프스키는 습관을 통해서 어떤 일이든지 이룰 수 있다고 말했습니다. 그래서 저는 자녀들이 어릴수록 학부모들에게 자녀들의 습관을 위해 노력하라고 조언 합니다.

습관은 여러 번 반복을 통해 저절로 익히고 굳어진 행동이라는 뜻입니다. 이 습관에는 학습을 통해 익혀진 좋은 습관도 포함되며, 의식하지 못하는 사이에 저절로 들어버린 나쁜 습관인 버릇도 포함됩니다. 나이가 들수록 이미 든 습관을 고치기 점점 힘들어지기 때문에 자녀들이 어려서부터 좋은 습관을 위해 신경을 써야 합니다.

저희 집 가훈은 '받는 것보다 주는 사람이 되자'인데 아이들에게 늘 가훈처럼 살아가라고 입버릇처럼 말을 했습니다. 그런데 저는 그냥 입버릇처럼 반복했던 말임에도 아이들은 그 말이 가슴에 뿌리를 내리고 자라서 나중에는 삶의 습관이 되었습니다.

부모가 입버릇처럼 하는 말이라도 아이들에게는 큰 영향을 미칩니다. 심지어는 자주 하는 말만으로도 아이들에겐 습관이 형성되고, 성품이 변화됩니다. 그래서 아이들에게는 보여주는 행동도 중요하고, 가르치는 지식도 중요하지만 매일 같이 반복해서 하는 언어도 정말 중요합니다.

둘째가 미국에서 고등학교를 다녔을 때 평소에 거의 찾아가질 못해서 미안한 마음에, 상황이 여유있지는 않았지만 졸업식 때는 참석을 했습니다. 무사히 졸업식을 마치고 귀국하려고 공항에 갔는데 유니세프에서 후원모금을 하고 있었습니다.

그때 제 상황이 너무 어려워서 거기에 돈을 넣을 생각도 못했는데, 둘째가 어디서 났는지 갑자기 50달러를 꺼냈습니다. 깜짝 놀라서 "희찬아, 여긴 1달러나 잔돈을 넣는 거야"라고 말렸습니다. 그때는 1달러가 없어서 아이들 주스 한 잔 사주려다 망신을 당하던 때였는데 애가 학교 졸업식 때 선생님들한테 받은 귀한 용돈을 전부 넣으려고 하니 놀랄 수밖에 없었습니다.

그런데 희찬이의 대답을 듣고는 머리를 망치로 한 대 맞은 것 같았습니다. 지금도 생각하면 저는 참 부끄러운 엄마였습니다.

"엄마가 어려서부터 주는 사람으로 살아가라고 그랬잖아요? 그런데 지금 이 50달러가 아까워서 그러시는 거예요?"

그때는 부끄러운 것도 모르고 계속 다그쳤습니다.

"엄마가 너무 힘들어서 그래. 너도, 우리 가정도 지금 힘들잖아, 그러니까 몇 달러만 내고 너 필요한데다가 써."

그랬는데도 기어코 50달러를 모금함에 넣었습니다.

'애가 없는 살림에 이렇게 퍼줘서 도대체 어쩌나...' 하는 생각에 내심 마음이 불편해 있었는데 그런 마음이 얼굴에 드러났는지 희찬이가 제 얼굴을 물끄러미 바라보더니 이렇게 말했습니다.

"그래도 엄마가 어려서부터 우리한테는 그렇게 가르쳤는데 지금 그러면 안 되죠..."

그 말을 듣고서야 정신이 번쩍 났습니다.

'맞아, 내가 그렇게 가르쳤지... 내가 그렇게 가르쳐놓고 이제 와서 이러다니'라는 생각에 얼굴이 화끈거렸습니다.

비록 가르친 건 나였지만 우리 아이들은 벌써 훌쩍 나를 앞서가고 있었습니다. 이 일이 있은 후에 저는 정말 회개를 많이 했고, 또 아무렇지 않게 반복하는 말이라도 얼마나 자녀들에게 영향을 미치는지, 그리고 습관 형성에 도움이 되는지를 정말 뼛속 깊이 체감했습니다.

이렇듯 자녀들의 습관은 부모가 생각지도 못한 사이에 형성되기도 합니다. 부모의 말 한 마디, 행동 한 가지가 자녀에게 큰 영향을 미칠 수 있음을 알게 된다면, 자녀의 좋은 습관을 위해서 어떤 말을 하고, 어떤 행동을 해야 하는지 스스로 알게 됩니다.

다시 한 번 강조하지만 습관을 들이는 것이 중요한 이유는 그것이 우리 삶의 가장 많은 부분을 차지하고 있으며 매일 반복되기 때문입니다. 우리의 인생은 작은 습관의 연속이라고 해도 과언이 아닙니다. 그렇기 때문에 인생을 값지고 행복하게 살기 위해서는 먼저 좋은 습관을 들이며 나쁜 습관은 고치는 노력이 필요합니다.

영어로 습관을 나타내는 'Habit'이라는 단어는 '이미 가지고 있는 것'이라는 뜻의 어원에서 나왔습니다. 좋은 습관이든 나쁜 습관이든 이미 내가 가지고 있는 것이기 때문에 좋은 습관을 내 것으로 만드는 것도 어렵고 이미 가지고 있는 나쁜 습관을 고치는 것도 어렵습니다. 그러나 사람이 습관을 만들지만 나중에는 습관이 우리를 만든다는 말처럼 지금 고치지 않으면 나중에는 더 힘들게 되고, 조금 더 나은 인생을 살 수 있는 기회를 놓치게 됩니다.

특히나 아직 성인이 되기 전인 우리 자녀들은 여러 가지로 불안정하지만 많은 가능성을 품고 있을 때입니다. 과학적으로도 뇌가 한창 발달할 시기이며 노력의 여하에 따라 많은 발전을 이룰 수 있는 시기입니다. 어른들과는 달리 아직 뇌의 시냅스라는 신경물질이 유연하기 때문에 받는 자극에 따라 쉽게 형성되기 때문입니다. 이렇게 무엇보다도 중요한 자녀들의 시기에 무엇보다도 좋은 습관을 만들어갈 수 있도록 우리 부모들이 도와주어야 합니다.

습관의 종류와 필요성

프랑스의 수학자 파스칼은 한 가지 나쁜 습관은 열 가지 나쁜 습관을 만들어내지만 반대로 한 가지 나쁜 습관만 고치면 나머지 열 가지 습관도 알아서 고쳐진다고 말했습니다. 이처럼 좋은 습관 혹은 나쁜 습관 한 가지는 다른 열 가지 이상의 습관에도 영향을 미칩니다.

자녀의 습관을 위해서 부모는 자녀가 어떤 습관이 있는지, 그 습관이 좋은 것인지 나쁜 것인지를 먼저 파악해야 합니다. 그리고 습관을 없애고 만드는 것을 직접적으로 강조해서는 안 되며, 말과 행동, 그리고 적절한 교육으로 저절로 형성되고 몸에 배도록 만들어야 합니다. 아무리 좋은 습관이라 하더라도 너무 강제적으로 만들게 되면 저절로 배는 습관이 아니라 어쩔 수 없이 하게 되는 강요에 의한 반응이 되어버리기 때문입니다. 보통 부모 밑에 있을 때는 아무런 문제가 없이 모범생처럼 보이는 아이들이 다른 지방에서 혼자 떨어져 살거나 외국으로 유학을 갈 때에 180도 다른 아이가 되어 말썽을 일으키는 것은 아이가 보여준 모습이 습관이 아니라 어쩔 수 없이 부모님에게 보여준 것이기 때문에 그렇습니다. 정말로 바른 습관을 들인 아이들은 부모가 있건 없건, 유학을 가서 혼자 떨어져 있건 언제나 유지가 됩니다.

우리 둘째는 고등학교 때부터 삶으로 저에게 본을 보였습니다. 어려서부터 말씀을 묵상하는 습관을 들였는데 이 습관을 통해 힘든 유학생활에서도 큰 도움을 받았습니다. 워낙에 인간관계가 좋고 성격이 활달한 둘째임에도 가끔은 유학생활이 힘들다고 고백하면서 백인들이 무시도 많이 하고 공부도 힘들다고 스트레스를 받았는데, 그럼에도 늦게까지 숙제를 하고 심신이 지쳐있어도 성경 묵상을 하고 잤습니다.

희찬이는 말씀도 절이나 장이 아니라 권 단위로 묵상을 할 정도로 오래 하는데, 그래도 습관을 따라 말씀을 읽고 묵상을 하다 보니 말씀이 자기를 인도한다는 것을 느끼고 그로 인해 여러 가지 환경이나 어려움을 이겨낼 수 있었다고 고백 했습니다. 그리고 그런 감사함을 통해 지금은 주변에 학생들까지 바른 길로 인도하는 역할을 감당하고 있습니다. 습관도 우선순위가 중요하고 신앙에 있어서도 습관이 중요합니다.

그렇기 때문에 먼저 부모님들은 우리 자녀가 가지고 있는 좋은 습관과 나쁜 습관이 무엇인지 자세히 파악해야 하고, 그 사실을 자녀가 알 수 있게 지혜롭게 알려주고, 바꿔나갈 수 있도록 도와주어야 합니다. 또한 하나님으로부터 힘을 얻고 위로를 받을 수 있게 신앙에서도 좋은 습관을 들일 수 있도록 경건의 훈련을 시켜야 합니다.

부모들이 실질적으로 자녀들의 습관을 체크하고 점검하기 위해서는 먼저 다음의 **습관의 종류**를 알아야 합니다.

1. 좋은 영향을 미치는 습관

학교 가기 한 시간 전에 일어나 하루 계획을 세우고 큐티를 하는 습관, 상대방 말을 먼저 듣고 3초 이상 생각하고 대답하는 습관, 한 달에 2번 봉사활동을 가는 일과 같은 습관들은 반복을 할수록 인생에 좋은 영향을 미칩니다. 좋은 습관은 모두가 바라지만 없는 상태에서 새롭게 만들어야 하는 습관이기에 동기가 충분하지 않으면 작심삼일이 되기 때문에 유의해야 합니다.

2. 나쁜 영향을 미치는 버릇

약속시간에 늦는 습관을 가진 사람은 아무리 중요한 약속이라 해도 계속해서 늦습니다. 이처럼 나쁜 습관들은 알게 모르게 이미 생겨버린 습관이기에 그것이 잘못된 것임을 알아도 고치기가 쉽지 않습니다.

나쁜 습관임을 알아도 그것을 해결하지 못하는 경우에는 때때로 죄책감이나 우울증으로 발전하는 경우도 있는데, 이런 자괴감에 빠지지 않기 위해서는 나쁜 버릇을 없애고자 하기보다는 좋은 습관을 들이는 방향으로 노력을 해야 하며 막무가내식으로 시도하기 보다는 과학적인 방법으로 접근해야 합니다.

3. 컨디션을 위해 반복하는 습관

운동선수들이 '루틴'이라고 부르는 동작은 특정 컨디션을 만들기 위해서 일부러 반복하는 동작입니다.

올림픽 수영 6관왕인 미국의 마이클 펠프스는 경기 전 긴장을 아주 심하게 했는데, 이때 왼손으로 주먹을 쥐면서 긴장이 풀리는 이미지 트레이닝을 반복해 실제 경기에서도 왼손으로 주먹을 쥐며 긴장을 풀었습니다. 징크스와는 달리 루틴은 좋은 컨디션을 위해서 자기가 임의로 만드는 습관이기에 긴장을 많이 하거나, 비슷한 실수를 반복한다면 이미지 트레이닝을 통해 루틴을 만드는 것이 좋습니다.

4. 습관을 들이기 위한 습관

사람들은 흔히 습관을 의지나 동기로 만들 수 있다고 생각하지만 사실 습관을 만드는 것 역시 습관입니다. 습관을 만드는 이미 검증된 여러 방법들을 적용해 좋은 습관들을 만들고, 나쁜 습관들을 하나씩 제거해나갈 때마다 자동적으로 습관을 만들고 없애는 습관을 익히게 됩니다. 따라서 습관을 제대로 만들고 없애지 못한다고 자녀의 동기나 의지가 약함을 나무라선 안 되고 작은 습관부터 들일 수 있는 환경을 만들어주고 격려 해줘야 합니다.

성경에 나오는 습관

성경의 위대한 인물들에게는 모두 좋은 습관이 있었습니다. 특히나 성경이 자주 언급하고 있는 것은 기도에 대한 습관입니다.

사무엘은 기도를 쉬는 것이 죄라고 말했을 정도로 기도를 시시때때로 했고, 다니엘은 창문을 열고 하루 세 번씩 집에서 기도를 했습니다. 창문을 여는 것은 사람들에게 신앙을 당당히 고백한다는 의미도 있습니다.

다윗 역시 아침과 정오에 기도했으며 또한 습관처럼 성전에 들어가 예배했다고 성경은 기록하고 있습니다.

"나는 너희를 위하여 기도하기를 쉬는 죄를 여호와 앞에 결단코 범하지 아니하고 선하고 의로운 길을 너희에게 가르칠 것인즉"(사무엘상 12:23)

누가복음 22장에 보면 예수님도 습관을 따라 새벽에 기도를 하러 나가셨다고 기록되어 있습니다.

"새벽 아직도 밝기 전에 예수께서 일어나 나가 한적한 곳으로 가사 거기서 기도하시더니"(마가복음 1:35)

좋은 습관을 들이는 것에 앞서서 믿음의 습관을 들이는 일에도 결코 소홀해서는 안 됩니다. 인생에서 가장 중요한 것은 하나님에 대한 믿음이며 믿음이 먼저 바로 서 있지 않으면 제 아무리 좋은 습관을 들이고 성공한 인생을 산다 하더라도 알멩이가 없는 껍데기 인생이 되기 때문입니다.

그렇기 때문에 좋은 습관을 들이고자 한다면 자녀가 하나님의 말씀을 많이 읽게 해야 합니다. 저희 둘째도 말씀을 통해 믿음이 바로서서 세상을 이겨낸 사람들을 자주 읽다보니 자기도 지금 그런 삶을 살고자 하는 마음이 생기기 시작했다고 고백을 했는데, 이처럼 말씀에는 삶을 긍정적인 변화로 이끌 힘과 실제적인 지침이 담겨 있습니다.

습관을 지배하는 방법

많은 사람들이 습관을 없애고 만드는 것을 의지와 동기의 문제로 생각합니다. 그러나 습관에 대한 많은 연구를 살펴보면 습관을 만들고 없애는 것은 개인의 의지보다는 효율과 방법의 문제입니다. 특히 어렸을 때의 생활환경이 매우 큰 영향을 미칩니다. 부모님의 믿음의 노력을 통해, 그리고 과학적인 약간의 팁을 통해서 자녀들의 습관을 충분히 변화시킬 수 있습니다.

저희 첫째의 경우에는 몸이 약해서 어렸을 때부터 좋은 식습관을 들이게 하려고 절대로 정크 푸드나 밀가루와 같은 것들을 안 먹었습니다. 그게 습관이 돼서 지금도 가끔 친구들이랑 라면을 먹으면 속이 안 좋아서 고생을 합니다.

살아있는 음식을 조리해야 엔자임이라는 성분이 나온다고 해서 무조건 신선하게 바로 조리한 음식을 먹였는데, 그래서인지 혼자서 유학생활을 하면서도 검은콩을 사서 우유랑 갈아먹을 정도로 지금도 건강에 대해 신경 씁니다. 미국에 살면서 패스트푸드나 기름지고 튀긴 음식을 안 먹기가 쉽지 않은데 그럼에도 매 끼니를 미국 할아버지, 할머니들이 직접 농사지어서 파는 재료를 사서 직접 해 먹을 정도로 먹는 음식에 신경을 씁니다.

우리 자녀들의 나이에 쉽지 않은 일이지만 이 역시 습관의 힘입니다. 결국 좋은 음식을 먹어야 좋은 정신을 가지고 공부도 잘하고 집중을 잘하는 법인데, 이런 좋은 식습관을 통해서 한국에서도 미국에서도 덕을 많이 본 것 같습니다.

그러나 만약 지금 이미 나쁜 습관으로 고생을 하고 좋은 습관을 들이는 일을 계속 실패한다면 더 늦기 전에 서둘러 바꾸어야 합니다.

부모님의 노력을 통해 자녀를 인도할 수 있는데 최근까지의 연구를 통해 검증된 다음의 방법을 살펴보고 적절히 활용하는 것이 좋습니다.

1. 작은 것부터 시작한다.

오늘 서두에 나왔던 스티브 기즈가 처음 시작했던 것은 팔굽혀펴기 한 개였습니다. 사람들이 들으면 웃을 일이지만 그는 먼저 자기가 빼 먹지 않고 할 수 있는 운동량을 정했고, 차차 늘려 나가면서 결국 자신이 바라던 몸도 만들었고 운동을 빼먹지 않고 하는 습관을 만들었습니다.

마찬가지로 1년에 성경 일독은 쉬워 보이는듯 하지만 실제로 성공하는 사람들은 많지 않습니다. 그러나 하루 한 장으로 목표를 바꾸면, 그것도 어려우면 하루 몇 절 또는 한절로 목표를 잡아 습관을 들이다보면 어느새 일독 이상의 성과를 내는 좋은 습관이 들게 될 것입니다.

2. 버릇을 없애지 말고 습관을 만들어라.

일반적으로 이미 생겨버린 나쁜 버릇을 고치는 것보다는 없던 습관을 만드는 것이 더 효율적입니다. 같은 목표라 하더라도 학교에 지각을 하지 않으려고 노력하는 것보다는 조금 일찍 일어나 하루를 준비하는 습관을 들이는 것이 더욱 좋습니다.

3. 최소 3주는 기다린다.

습관이 생기는 데는 평균 3달이 걸립니다. 그러나 제대로 관리하면 3주 정도만 지나도 자연스럽게 습관이 될 수 있다고 합니다. 그러므로 3주 정도는 지속적인 관리를 통해 습관을 만들려는 노력이 유지 돼야 합니다. 1, 2주 하고나서 포기하지 말고 최소 3주를 기한으로 잡아놓고 습관을 만들 계획을 세우십시오.

4. 체크리스트와 일지를 적는다.

습관을 빨리 만드는데 가장 중요한 것이 체크리스트입니다. 습관을 만들기 위해서 해야할 일들을 목록으로 적어놓고 매일 체크해 나가면 성공의 여부에 상관없이 습관을 만드는 데 큰 도움이 됩니다. 더불어 그 습관을 만들어 나가며 느끼는 점들도 일기 형식으로 적으면 의지와 동기를 유지시키는 데에 아주 좋은 자극제가 됩니다.

5. 작은 보상을 미리 준비한다.

일을 하는 데에 있어서는 보상이 보상이 동기가 되는 것이 좋지 않은 영향을 미치지만 습관을 만드는 데는 긍정적인 영향을 줍니다. 목표한 습관을 3주 이상 유지하거나 80%이상 체크리스트를 성공한다면 자녀에게 줄 선물을 함께 정해보십시오.

자녀들이 스스로 지혜롭게 자라고 좋은 습관을 만들어나가면 좋겠지만 지금 시대의 여건상 그런 것들이 쉽지 않습니다. 그러나 조금만 신경 쓰고 보듬어줌으로 좋은 습관이 형성될 수 있게 부모님들이 돕는다면 성인이 되어 평생 살아가기까지 든든한 힘이 되고 버팀목이 되는 귀한 자산이 될 것입니다.

아이들이 직접 할 수 있게 문을 열어주는 것이 교육이라고 저는 생각합니다. 그래서 습관이 중요합니다. 습관은 자기주도학습법의 가장 기초입니다. 그리고 그 기초를 닦기 위해서는 먼저 부모님의 본이 필요합니다.

아이가 집에 왔을 때 책을 보거나 어떤 생산적인 일을 하는 모습을 보여주는 것이 교육이지, 누워서 티브이 보다가 "야, 숙제해라, 학원가라"고 말하는 것은 진짜 교육이 아닙니다. 본이 안 되기 때문입니다. 이렇게 교육을 하면 자녀가 따르지 않는다고 해도 나중에 아무런 할 말이 없습니다.

부모가 먼저 하나님의 영향을 받아야 자녀들도 그대로 좋은 영향력을 받고 변화됩니다. 자녀들에게 주님의 교훈을 전하고 가르치는 것이 비전을 가르치고 좋은 습관을 들이게 하는 것임을 명심해야 합니다.

"모이기를 폐하는 어떤 사람들의 습관과 같이 하지 말고 오직 권하여 그 날이 가까움을 볼수록 더욱 그리하자"(히브리서 10:25)

함께 나누기

　　오늘의 본문을 생각하며 먼저 부모된 입장에서 스스로에게 적용해 보고 지금 우리 자녀에게 가장 필요한 습관과 고쳐야 할 버릇이 무엇인지 살펴보십시오. 그리고 부모와 자녀가 함께 고쳐나갈 습관은 없는지 생각해보고 자녀와 대화를 나누십시오.

　　다음의 질문을 놓고 함께 나눠 보십시오.
　❶ 지금 내가 고쳐야 할 나쁜 습관은 무엇입니까?
　❷ 지금 내가 유지하고 있는 좋은 습관은 무엇입니까?
　❸ 지금 고쳐줘야 할 자녀의 나쁜 습관은 무엇입니까?
　❹ 지금 유지하고 있는 자녀의 좋은 습관은 무엇입니까?
　❺ 자녀가 생각하는 좋은 습관과 내가 생각하는 좋은 습관의
　　차이는 무엇입니까?

10

비전

비전지수 체크리스트

아래 질문에 「매우 그렇다」면 ( )안에 10을, 「매우 그렇지 않다」면 0을 표시하되, 그 사이는 본인이 적당한 점수를 쓰십시오.

01	나는 인생의 구체적인 목표가 있다.	
02	남을 위한 목표가 있다.	
03	하나님을 위한 목표가 있다.	
04	목표와 비전의 차이점을 알고 있다.	
05	목표를 실천할 구체적인 계획이 있다.	
06	인생의 목표로 삼고 있는 말씀이 있다.	
07	복음과 전도를 위한 목표가 있다.	
08	세상적인 성공보다 하고 싶은 일을 해야 한다고 생각한다.	
09	자녀가 성공을 쫓기보다 하고 싶은 일을 해야 한다고 생각한다.	
10	그리스도인의 인생은 세상 사람과 달라야 한다고 생각한다.	
※ 위에 기록한 점수를 합산하십시오. 그 점수가 비전지수(%)일 수 있으나, 정확한 것은 아니니 참고만 해 주십시오.		

미국 LA에 사는 존 고다드라는 소년은 비가 내리던 어느 날 밤, 문득 자기가 살면서 하고 싶은 일들, 가고 싶은 곳들, 이루고 싶은 일들에 대한 목록을 심사숙고 끝에 적었는데, 127개에 달하는 목록이 완성됐습니다. 그 중에는 달나라 여행, 에베레스트 등반, 세계일주 같이 일반적으로 꿈꾸기 힘든 목록부터 보이스카웃되기, 유도 배우기 같이 쉽게 할 수 있는 목록들도 있었습니다.

그로부터 30년이 지난 뒤 고다드의 목록에는 103개의 목표가 달성표시가 되어 있었습니다. 그는 천재도 아니었고 엄청 부자집에서 태어나지도 않았습니다. 그러나 자기가 하고 싶은 것이 무엇인지 알았고, 그 목표를 어떻게 하면 할 수 있는지 생각하며 살았습니다. 그리고 그 결과가 다른 사람들은 평생 꿈만 꾸는 수십 개의 목표를 30년 만에 모두 이룰 수 있게 만들어 주었습니다.

최근 국내의 청소년 약 5천명을 대상으로 조사한 결과 83%가 미래에 대한 꿈이 없고, 54%가 하루에 3시간 이상 컴퓨터 게임이나 인터넷 채팅 등을 한다고 대답했다고 합니다.

미래에 뭘 할지 정하지 않았기 때문에 지금 뭘 해야 할지를 모르고, 그래서 그냥 1차원적인 만족을 주는 게임이나 잡담에 빠져 소중한 청소년기를 낭비하고 있는 것입니다.

이 모습을 보는 부모들은 당연히 마음이 답답할 수밖에 없고, 그래서 수많은 부모와 선생님들이 그렇게 자녀들을 향해 "꿈을 가지라"고 거의 강요를 하고 있으나 오히려 소통이 되지 않아 세대 간의 마찰만 일으키고 있습니다.

제 생각에는 꿈과 비전은 절대로 그것도 강제로 주입해서 생길 수 있는 것이 아닙니다. 비전보다도 중요한 것은 자녀의 성품과 신앙이 바로 서고 훌륭한 인격을 가질 수 있도록 도와주는 것인데 그러면 자기 안에 하나님이 심어주신 비전이 스스로 피어납니다. 한 마디로 부모가 해줘야 하는 것은 꿈을 가지라고 강요하거나 어떤 꿈을 제시하는 것이 아니라 꿈이 바르게 꽃피울 만한 신앙과 성품의 밭으로 아이의 인생을 일구어주는 것입니다. 그래서 이번 장은 비전이 주제이지만 또한 자녀가 비전을 가질 수 있도록 성품과 신앙을 바로 세울 수 있는 부모가 되는 것이 숨어있는 진짜 주제입니다.

비전의 정의

「비전」의 뜻은 본래 '장래의 상황'이라는 단순한 뜻입니다. 사전을 보면 우리가 아는 일반적인 비전의 거창한 뜻 대신 '미래에 대한 구상, 상상도' 정도로만 나와 있지 일반적으로 사람들이 생각하는 만큼의 거창한 뜻은 나와 있지 않습니다. 그러나 현재

「비전」은 영어단어의 본래의 뜻과는 달리 '꿈'이나 '사명'과 비슷한 뜻에 조금 더 원대한 영역을 포함하는 의미로 사용이 되고 있습니다.

인생을 이끌어가는 중요한 요소들, 즉 '목표, 목적, 소명, 소원, 가치관, 사상, 좌우명' 등이 모두 포함된 것이 비전입니다. 또한 자아의 발견, 직업의 선택, 성공, 행복, 신앙에 이르기까지 삶의 모든 부분과 연관되어 있고 중요한 역할을 하는 것 역시 비전입니다.

그러나 여기서 한 가지 중요한 것은 성경이 말하는 비전과 우리 엄마, 아빠들이 자녀들에게 가르쳐야 할 비전은 세상이 말하는 일반적인 비전과는 분명히 다르다는 점입니다.

존 스토트 목사님은 크리스천들의 비전에 대해서 다음과 같은 정의를 내렸습니다.

"크리스천의 비전이란 세상의 비전이 가리키는 성공과는 달라야 합니다. 크리스천들의 비전이란 현재 존재하고 있는 어떤 것에 대한 불만족한 마음이 있고, 그것을 바꾸고자 하는 생각이 분명하게 떠오르는 것에서부터 시작합니다."

한 마디로 세상에서 어떻게 빛과 소금으로 쓰임 받을 것인가가 크리스천들이 가져야할 비전의 문제이며 부모들이 자녀에게 가르칠 올바른 비전입니다. 그러나 이 비전은 부모들이 가르칠 수는 있으나 제시할 수는 없습니다. 단지 비전을 올바로 품고 이룰만한 성품과 신앙을 갖도록 도울 수만 있습니다.

잠언 29장 18절에도 비전의 중요성에 대해서 나옵니다.

"묵시가 없으면 백성이 방자히 행하거니와"

이 말씀은 KJV성경에는 "Where there is no vision, the people perish" 라고 나와 있습니다.

"비전이 없으면 백성이 망한다"는 뜻인데 여기 나오는 비전의 뜻은 자기의 목표나, 꿈인 야망 'Ambitious'가 아니라 하나님이 나에게 주신 계시인 'Revelation'이라는 뜻입니다. 즉 하나님이 이미 주신 계시를 찾는 것이 비전을 찾는 것이며, 말씀에 나오는 그 비전을 가르치는 것이 참된 비전을 가르치는 교육입니다.

하나님이 자녀에게 주신 비전이기 때문에 이것은 부모가 대신 찾아줄 수 없으며 또한 대신 전해줄 수 없습니다. 다만 하나님이 주신 비전을 바르게 알고 인생의 방향으로 삼도록 이끌어주어야 합니다. 그럴 때 나와 우리 자녀에게 주어진 환경과 제약, 모든 불합리한 조건을 극복할 수 있습니다. 그리고 그 비전을 성취해 가는 과정을 통해서만이 진정한 성공과 진정한 행복을 맛볼 수 있습니다. 그러므로 진짜 비전이 무엇인지, 주님이 주신 비전을 어떻게 찾아야 하는지 알려주고 도와주는 것이 부모들이 자녀를 위해 해야 하는 가장 중요한 일이며 시급한 일입니다.

요즘은 각 학교에서도 「학부모 세미나」에 저를 초청해줘서 자녀 교육을 통해 복음 전파를 하고 있는데 한 번은 학부모 세미나에서 우리 자녀들 잘된 이야기를 하는 것을 보고 둘째 희찬이가 이런 말을 했습니다.

"엄마, 우리가 명문대 나오고 장학금 받은 이야기를 너무 하지 마세요. 좋은 대학 가고 잘 되는 게 성공이 아니고 하나님 앞에서 바로 서는 게 성공이잖아요? 엄마도 그렇게 가르치셨잖아요?"

책이라 좋게 말해서 이 정도지 거의 일침 수준으로 저에게 따끔하게 혼을 냈습니다. 속으로는 우리 희찬이가 마음이 참 겸손하고 비전과 성공이 무엇인지 제대로 알고 있다 싶어 매우 대견했습니다.

그러나 제가 우리 자녀들이 잘 된 이야기를 사람들 앞에서 하는 것은 자랑이 아니라 희망의 제시이며, 자녀들에게 비전을 심어주는 과정이 어떠해야 하는지를 간접적으로 말하고자 함이었습니다. 그래서 희찬이의 일침을 맞고 이렇게 대답했습니다.

"그래, 물론 네 말이 맞아. 그러나 우리 같이 연약한 사람들이라도 하나님이 세워주시면 이렇게 생각하지도 못한 세상에서 최고라는 선물들을 주시더라는 사실을 엄마는 말해주려고 했던 거야."

실제로 저는 두 자녀가 그렇게 잘 된 일이 전혀 자랑이라고 생각지 않고 또 자녀들 이야기를 하기 전 강의나 세미나에서도 분명히 이런 말을 합니다.

"제가 자랑하고 싶은 것은 자녀들이 이렇게 성공했다는 것이 아니라 어려운 환경에서도 흐트러지지 않고 자기 믿음을 지키며 벗어나지 않았다는 사실입니다."

어려운 가운데서도 흔들리지 않고 바른 성품을 지키며 신앙이 성장하는 것은 모든 부모들이 바라는 것인데, 그 중심을 잡기 위해서는 바로 비전이 있어야 합니다. 신앙이 바로 서고 인격이 자라지 못한 상태에서 이렇게 흔들리면 자리를 지키지 못하고 '문제아', '꼴통'이 되어 부모의 가슴에 대못을 박는 아이로 자랍니다. 대못을 박히는 부모도 물론 마음이 아프지만 갈 길을 모르는 자녀의 심정도 참담하기 때문에 비전을 가질 수 있는 상태로 하루빨리 자녀의 성품과 신앙을 이끌어주어야 합니다.

비전의 종류와 필요한 이유

당장은 비전이 있는 사람과 없는 사람이 별 차이가 없어보일지라도 5년 뒤, 10년 뒤에는 결코 좁힐 수 없을 정도의 엄청난 차이가 나게 됩니다.

비전이 있는 사람의 인생에는 다음의 다섯 가지 유익이 있습니다.

1. 하나님이 주신 삶을 무엇을 하며 살아야 하는지 알게 된다.
2. 설정한 삶의 방향에 따른 목표가 뒤따른다.
3. 시간을 투자하고 노력을 할 수 있는 동기가 생긴다.
4. 현재를 중요하게 여기며 미래를 계획한다.
5. 영속적인 가치를 위한 일을 하고 있다는 자부심이 있다.

'비전으로 가슴을 뛰게 하라'의 저자인 켄 블렌차드는 "비전은 내가 누구이며, 어디로 가고 있으며, 무엇이 그 여정을 인도할지 아는 것이다"라고 말했습니다.

비전은 인생을 왜 살아야 하며, 어떻게 살아야 하는지 알려줍니다. 당연히 자녀들이 어릴수록 비전의 중요성에 대해서 가르쳐야 하며 알려주어야 합니다.

사람들이 생각하는 비전의 종류에는 크게 다음의 3가지가 있습니다.

1) 단기적인 계획이나 목표

단기적인 계획이나 목표는 비전을 이루는데 반드시 필요한 것이지만 비전 그 자체는 아닙니다. 비전은 "이것을 이루고, 그 다음은?"이라는 질문에 계속해서 대답할 수 있는 것이어야 하며 생의 마지막까지 붙들고 살아가야 할 삶의 의미이자 목표가 되어야 합니다.

2) 개인적인 바람과 꿈인 비전

세상이 말하는 일반적인 비전입니다.

"많은 돈을 벌어야지."

"성공한 가수가 되겠어."

"더 큰 집에서 살고 싶어."

이 같은 일반적인 바람들은 단순한 목표이며 비전이 될 수 없습니다. 바라는 것을 얻는 성취감과 동시에 허무함이 생기는 것은 비전이 아닙니다. 비전은 내 안에 살아서 숨이 멎는 그날까지 영원한 생명력을 지녀야 하는 것입니다. 그리고 나의 가치관과 주변 환경에 따라 단순히 멋져 보이는, 혹은 호기심으로 인해 그것이 비전인 줄 착각을 할 수도 있기 때문에 가장 조심해야 하는 비전이기도 합니다.

3) 하나님의 의도와 계획에 부합하는 비전
하나님은 우리를 창조하심을 이미 계획해 놓으셨습니다.

우리 자녀의 인생도 마찬가지입니다. 하나님의 말씀을 가르치고 비전에 대한 씨앗을 자녀의 마음에 올바로 심어주면 자녀들은 저절로 이 세상에 빛을 비추고 복음을 전하는 귀한 일에 쓰임 받는 비전의 사람으로 알아서 자라납니다. 부모는 이 길에서 크게 벗어나지 않게 곁에 있어주고 돌봐주며, 지속적으로 기도해주기만 하면 됩니다. 세상을 더 좋은 곳으로 만들고 많은 사람들에게 큰 영향력을 끼치는 진정한 비전은 오직 하나님이 주시는 말씀을 통해 얻은 비전으로만 이룰 수 있습니다.

그러나 여기에서 조심해야 할 것은 비전은 특정 직업이나 목표를 말하는 것이 아니며 세상을 바꾸고자 하는 원대한 꿈도, 친구를 돕는 작은 선행도 포함된다는 사실입니다.

내가 생각한 것과 자녀가 품는 비전이 다르다고 다그칠 필요도, 초라해 보인다고 부끄러워할 필요도 없습니다. 하나님이 주신 비전이 확실하다면 때에 맞게 가장 귀하게 사용하실 보석과

도 같은 비전이기 때문입니다.

또한 위의 내용들은 이론일 뿐이며 정말 하나님이 주시는 비전은 자녀 각자의 개성과 환경에 따라 다양하게 임한다는 것을 알아야 합니다. 가장 중요한 교육은 현장의 경험이지 책상 위의 이론이 아닙니다.

그렇기에 저의 말 역시도 참고를 하며 이 글을 보는 각자의 자녀에 맞는 하나님의 방법을 찾아야지 무턱대고 모든 자녀들에게 적용을 하려고 해서도 안 됩니다. 그래서 저는 모든 부모들이 자녀를 1등 시키려고 하고, 일류대 보내려고 노력할 때 오히려 경쟁과 1등 지상주의를 자녀들에게 가르치기보다는 제발 바르게만 자라라고, 하나님의 말씀 안에 바로 서라고만 말하고 가르쳤습니다.

보통 엄마들이 성적에 목을 매서 애를 잡고, 오히려 정말로 중요한 인성과 성품, 신앙은 신경을 안 씁니다. 때로는 그냥 내팽개쳐버리기도 합니다. 그러나 이렇게 자란 아이는 설령 운이 좋아 간신히 일류대를 간다 하더라도 남을 배려할 줄 모르고 자기만 아는 위험한 사람이 됩니다. 이런 사람은 일류대, 아니 하버드를 나와도 아무런 소용이 없습니다. 요즘 우리 사회에서 자주 입증되고 있는 현상입니다.

이제 우리 애들은 학벌로 어디 가서 전혀 꿀리는 애들이 아닙니다. 그러나 그건 아이들이 스스로 선택하고 노력해서 된 것이고 저는 일절 학업에 대해서는 말을 한 적이 없었다고 생각합니다. 그래서 미국에서 희찬이가 고등학교 다닐 때 같은 학교 미국인 친구들이 저를 '블루베리맘'이라고 불렀습니다. 보통 유학생 엄마들이 전화가 오면 "시험기간인데 공부는 잘 하고 있니?", "대학은 어디 갈 거 같아?" 이렇게 물어보는 게 일반적인데 저는 태어날 때부터 눈이 안 좋은 희찬이가 걱정돼서 전화하자마자 항상 "희찬아, 블루베리 주스 마셨니?" 이렇게 물어봐서 소문이 퍼진 것입니다.

전화할 때마다 공부는 확인도 안하고 건강 걱정만 하니까 미국 아이들 눈에도 신기했는지 희찬이 고등학교 졸업식 때도 나를 보고 블루베리맘이라고 부르며 누군지 안다고 와서 인사를 하고 그랬습니다. 그만큼 저는 공부하라고 말하지 않았습니다. 부모가 시켜서 공부도 비전도 되는 것이 아니라는 걸 알았기 때문입니다.

다만 비전의 종류에 관계없이 되도록 넓은 시야를 가진 글로벌한 비전을 갖게 해주는 건 필요한 것 같습니다. 한국이 아니라 전 세계를 바라보는 글로벌 비전을 자녀에게 주기 위해서는 먼저 부모가 현실의 상황에 관계없이 그런 생각을 품어야 합니다. 그게 성경이 우리에게 가르치는 것이며 말씀과 기도가 우리에게 약속하는 능력입니다.

성경에 나오는 비전

성경에는 창세기부터 계시록까지 수많은 비전의 이야기가 나옵니다.

아브라함은 하나님이 주신다는 땅을 비전으로 삼아 본토 친척의 아비집을 떠났고, 롯에게 좋은 땅을 양보하고 황무지로 보이는 땅으로 당당히 떠날 수 있었습니다.

요셉은 꿈으로 잘난 체를 하다가 친형들에 의해서 노예로 팔려나가는 끔찍한 일을 경험했지만 그 와중에도 꿈을 통해 하나님이 주신 비전을 믿었습니다. 그 비전으로 그는 억울한 누명을 썼을 때도, 감옥에 갇혀 있을 때도 낙심치 않고 희망을 품을 수 있었고, 마침내 당시 대국이던 이집트의 총리가 될 수 있었습니다. 요셉은 비전이 무엇인지 정말로 이해하고 있던 인물이었기에 나중에 자신을 노예로 팔았던 형들이 잘못을 구할 때도 조금의 앙심도 품지 않고 "형들의 악행을 하나님이 선한 일로 사용하셨다"는 놀라운 고백으로 용서를 할 수 있었습니다.

"요셉이 그들에게 이르되 두려워하지 마소서 내가 하나님을 대신하리이까 당신들은 나를 해하려 하였으나 하나님은 그것을 선으로 바꾸사 오늘과 같이 많은 백성의 생명을 구원하게 하시려 하셨나니 당신들은 두려워하지 마소서 내가 당신들과 당신들의 자녀를 기르리이다 하고 그들을 간곡한 말로 위로하였더라"(창세기 50:19-21)

모세는 가나안 땅이라는 비전을 바라보며 하나님이 맡기신 엄청난 수의 이스라엘 백성들을 이끌었습니다. 40년이란 세월 동안 그토록 많은 백성들을 이끄는 것은 원대한 비전과 그 비전에 대한 분명한 확신이 없이는 불가능한 일이었습니다.

"내 종 모세와는 그렇지 아니하니 그는 내 온 집에 충성함이라 그와는 내가 대면하여 명백히 말하고 은밀한 말로 하지 아니하며 그는 또 여호와의 형상을 보거늘 너희가 어찌하여 내 종 모세 비방하기를 두려워하지 아니하느냐"(민수기 12:7-8)

이처럼 성경에서 비전을 분명히 알고 있던 사람들은 의심 없이 순종했으며, 역경을 극복했으며, 크게 성공했으며, 다른 사람들에게 희망을 제시하며 이끌어 주었습니다. 그러므로 자녀의 행복한 인생을 위해서, 또 진정한 성공을 위해서 가장 먼저 신경을 써야 할 것은 하나님의 말씀을 통해 비전을 심어주는 일입니다.

비전을 심어주는 방법

제가 위에서 부모가 먼저 자녀를 향한 글로벌비전이 있어서 자녀에게도 생긴다는 말을 했습니다. 그래서 비록 형편은 안 좋아 공부도 못 시키고 좋은 것도, 옷도 못 사 입혔지만 어려서부터 아이들이 견문을 넓힐 수 있게 박물관도 데려가고 다양한 책과 신문을 읽게 했습니다. 그러자 아이들이 어느새 스스로 세계를 향한 비전을 갖고 자라게 되었고 유학도 자기들이 스스로 보내달라고 말했습니다.

정작 자녀들에게 세계적인 비전을 품으라고 말한 저는 오히려 공부를 못해서 유학을 가면 안 될 거라고 말을 했으나, 둘 다 모두 어떻게든 일단 보내만 달라고 했습니다. 자기들은 공부를 못하니까 한국의 일반적인 교육으로는 절대 성공을 못할 거 같기에 차라리 미국이라도 가서 영어도 하고 개성을 살린 교육을 받고 시야를 넓혀오겠다는 비전을 품은 것이었습니다. 그래서 남편처럼 목사님이 되겠다는 꿈을 어려서부터 가졌던 희찬이도 그냥 한국에서 목사님이 돼서 어떤 목회를 해야지 이런 비전이 아니라 전 세계를 돌아다니며 복음을 전하고 많은 사람들을 하나님께로 돌아오게 하고 싶다는 꿈을 품어 유학을 보내달라고 했습니다.

지금 생각해도 애들이 혼자서 어떻게 그 어린 나이에 세계를 향한 비전을 품고 무작정 미국을 보내달라고 했을까 싶기도 합니다. 제 생각에는 큰 아이는 새벽기도를 통해서, 그리고 둘째는 말씀을 통해서 비전을 찾고 신앙이 바로 섰는데, 그 과정을 통해서 어려운 환경 속에서도 미래를 꿈꿀 힘과 용기가 생긴 게 아닌가 싶습니다. 결국 신앙이 바로 서면 모든 게 해결되는 것 같습니다. 저를 비롯한 두 자녀들은 결코 미국 유학이라든가 세계적인 비전을 꿈 꿀 상황과 형편이 되지 않았습니다.

성찬이는 하나님의 은혜로 예원 중학교를 수석으로 입학했는데, 운 좋게 줄리어드 교수 중에 한 유태인이 운영하는 캠프에 뽑혀서 장학금을 받아 미국에 갈 수 있었습니다. 그런데 거기서 또 다른 줄리어드 교수의 눈에 들어서 장학금을 줄 테니 미국 줄리어드의 영재교육 시스템인 예비학교로 들어오라는 제안을 받았습니다.

그때부터 성찬이는 세계적인 비전을 품기 시작했는데, 당시 줄리어드 예비학교에 들어가 줄리어드 콩쿨에서 1등을 해서 링컨 센터에서 연주를 하게 된 적이 있었습니다.

링컨 센터에서는 아무나 공연을 할 수 없는 귀한 기회이기에 당연히 부모로써 참석해야 했지만 저는 교회 행사가 있다고 하고 아이들에게 못 간다고 했습니다. 사실은 비행기 값이 없어서 못 갔던 것인데 자녀들도 나름 속사정을 알고 있었는지 알겠다고 힘없는 목소리로 대답한 뒤에 끊었습니다.

그러다 공연 30분 전에 혹시나 하는 마음이 들어 격려라도 하려고 전화를 해서 잘 준비하냐고 했더니, 아이 목소리에 힘이 너무 없었습니다.

"왜 그러냐?" 했더니 저녁을 못 먹었다면서 벽에 기대서 거의 쓰러져 있는 상태라고 했습니다. 아들은 괜찮다고 했지만 분명 돈도 없고 해서 아끼려고 저녁을 안 먹은 거였습니다.

그 순간 눈물이 왈칵했지만 못해준 마음에 서러움이 도리어 분이 되어 "1불 주고 물이라도 사서 마시고 배를 채우지 뭐하고 있어!"라고 '빽' 소리를 지르고 전화를 확 끊어버렸습니다.

그리고 예배당에 앉아 있는데 설교도 귀에 안 들어오고 혼자서 계속 울고 있었습니다. 남편 목사님은 그 모습을 보고 처음엔 오늘 설교가 그렇게 은혜가 되나 생각했다가 그래도 너무 울기에 혹시 예배 전에 장모님이 돌아가셨는데 예배 전이라 자기에게 말을 안 한 건가 생각을 할 정도였습니다.

이런 상황에서 우리 자녀들이 비전을 품기란 쉽지 않았을 것입니다. 저 역시 자녀들에게 그렇게 말하기가 쉽지 않았습니다. 그런 과정에서 부모가 챙겨줘도 힘든 마당에 우리 아이들은 몇 배나 힘들었을 게 분명합니다. 그러나 그럼에도 비전을 열어 주어야 하고 품게 만들어야 합니다.

제가 자녀들에게 늘 하던 말이 있습니다.

"너희는 하나님의 사람이기 때문에 지금 환경이 어떻든 절대로 시시하지 않고 마음이 크고 생각이 큰 사람이다. 그러니까 공부 못한다고 기죽지 말고 늘 구별되고 다르게 살아라."

그리고 섬김의 훈련, 요셉처럼 꿈을 꾸는 훈련, 되도록 큰 세계를 보여주고 여기저기 다니면서 많이 보여줬습니다. 애들이 스스로 직접 보고 느끼게 했습니다. 이런 과정을 통해서 누가 주입을 한 것이 아니라 스스로가 비전을 꾸렸습니다. 저는 한 번도 미래를 건드려본 적이 없고, 자녀들이 자기가 알아서 자기 인생을 꾸렸습니다. 아니. 하나님이 꾸려주셨습니다. 그래서 저는 뭐가 어떻게 되는지도 잘 몰랐는데 스스로 세상에서 최고라 하는 곳에 몸을 담고 있는 자녀들이 되었고, 그런 자녀를 둔 제가 되었습니다. 분명 이룰 수 없는 상황이지만 그 곳에 믿음이 들어가고 비전이 들어가면 이루어집니다. 그러니까 기계적으로 꿈을 심어주지 말고 스스로 꿈을 가지게 하고 제 아무리 힘들어도 비전을 품게 하십시오.

부모가 자녀에게 비전을 품는데 도와주는 데는 다음의 몇 가지 방법이 도움이 됩니다.

1. 간접적인 경험을 하게 한다.

구약을 보면 하나님은 약속하신 비전을 늘 미리 보여주셨습니다. 아브라함에게 민족과 땅을 약속하실 때는 밤중에 불러내어 하늘의 별들을 보며 상상하게 하셨고, 가나안 땅을 들어가기 전에는 첩보원을 미리 보내 그곳이 얼마나 좋은 곳인지, 그리고 믿음으로 순종하시는지를 시험하셨습니다. 비전이 어떤 것인지 분명히 보여주시며 그것을 위해 순종할 수 있는 믿음이 있는지를 하나님은 확인하시는데, 우리 자녀에게도 마찬가지입니다.

이 원리를 그대로 자녀에게 적용하기 위해서는 먼저 자녀가 기죽지 않게, 하나님의 사람이며, 크고 귀한 존재임을 지속적으로 알려주어 자존감을 높여주고, 세상과 구별되고 거룩한 빛과 소금의 역할을 해야 한다는 것을 알려주어야 합니다. 또한 세상에 어떤 곳이 있는지, 또한 세계에서 어떤 일이 벌어지고 있는지 알 수 있는 정보를 다양한 매체를 활용해 제공해 주십시오.

"여호와의 말씀이 그에게 임하여 이르시되 그 사람이 네 상속자가 아니라 네 몸에서 날 자가 네 상속자가 되리라 하시고 그를 이끌고 밖으로 나가 이르시되 하늘을 우러러 뭇별을 셀 수 있나 보라 또 그에게 이르시되 네 자손이 이와 같으리라"(창세기 15:4-5)

"사십 일 동안 땅을 정탐하기를 마치고 돌아와 바란 광야 가데스에 이르러 모세와 아론과 이스라엘 자손의 온 회중에게 나아와 그들에게 보고하고 그 땅의 과일을 보이고 모세에게 말하여 이르되 당신이 우리를 보낸 땅에 간즉 과연 그 땅에 젖과 꿀이 흐르는데 이것은 그 땅의 과일이니이다"(민수기 13:25-27)

2. 대화와 타협으로 접근한다.

십대의 자녀들은 아직 가치관과 성품이 결정되지 않은 혼란한 시기입니다. 이 시기에는 아직 믿음이 확고하지 않을 수도 있고 자신이 정말 하고 싶은 것이 무엇인지 알 수 없는 경우가 많습니다. 또한 인기인이나 유명인을 통해 단지 하고 싶다는 이유로 비전이라고 생각하는 경우도 있습니다.

그런 경우 부모의 입장에서 많이 답답하지만 그럴수록 대화와 타협을 통해 자녀가 성경이 말하는 진정한 비전에 다가갈 수 있도록 도와주어야 합니다. 비전을 주제로 자녀와 대화를 할 때는 다음의 법칙을 지키십시오.

1) 자녀의 생각이 어떤지를 묻고 그 생각을 토대로 조언한다.
2) 평가와 결론보다는 과정과 소감을 위주로 서술한다.
3) 칭찬의 언어와 인정의 언어를 주로 사용한다.
4) 조급함을 버리고 지금 자녀가 가진 비전에 대한 장단점을 나눈다.
5) 절대로 무시하는 태도를 보이지 않고 일단 존중한다.

부모와 대화와 타협이 가능하다고 여기는 아이는 다른 곳에서 정답을 찾으려하지 않습니다. 그래서 잘못된 친구나 장소를 찾아가 기웃거리지 않고 먼저 부모와 대화를 시작하게 되고 이렇게 부모와 대화와 타협이 되는 아이는 결코 빗나가지 않습니다.

"교만에서는 다툼만 일어날 뿐이라 권면을 듣는 자는 지혜가 있느니라" (잠언 13:10)

3. 든든한 조력자이자 조언자 되기

자녀들에게 있어 가장 큰 조력자이자 조언자는 부모입니다. 특히 일반적으로 아버지들보다는 자녀와 격의 없이 지내는 어머니들이 이 역할을 충실히 해주어야 합니다. 자녀들이 자라며 무뚝뚝해지고 비록 표현을 안 할지라도 자녀의 마음속에는 언제나 부모님이 변함없이 그 자리에서 자신들에게 든든한 버팀목이 되어줬으면 하는 마음이 있습니다. 그래서 부모의 삶이 흐트러지면 가장 큰 타격을 받는 것이 자녀들입니다.

자녀들에게 흔들림 없는 모습을 보여주며 조력이자 조언자가 되기 위해서는 먼저 자녀들을 위해 기도해야 하며, 먼저 조언과 위로를 해주는 따스한 손길을 보여주어야 합니다. 감정적으로 자녀를 대하지 않고 우선 사랑과 배려로 자녀들을 대하면 자녀들도 마음의 문을 100% 열고 속에 있는 이야기를 가감 없이 하며 부모의 조언에 귀를 열 것입니다.

"엄마가 있어, 아빠가 있어 나는 든든해요."

이 고백이 우리 자녀들의 내면의 소리가 되어야 합니다. 세상의 어떤 사람보다 엄마가 든든한 기둥이 된다는 것은 자녀들이 한 방향으로 가는 중요한 푯대가 됩니다.

"아비들아 너희 자녀를 노엽게 하지 말지니 낙심할까 함이라"(골로새서 3:21)

우리의 자녀들을 어떻게 바로 세워 자신의 미래를 당당히 준비하고 흔들림 없는 가치관의 사람으로 만들까하는 것은 너무도 중요한 부모님들의 숙제가 되었지만 말씀에 그 답이 있고, 부모들은 그 답을 줄 수 있습니다.

비전이 분명한 자녀들은 사춘기가 와도 혼란스러워하지 않습니다. 다니엘과 세 친구처럼 "그리 아니하실지라도"의 믿음이 있기 때문에 아무리 거세고 모진 풍파가 온다 하더라도 흔들리지 않습니다.

비전에 대해 그동안 어떤 생각을 가지고 있었는지, 또한 자녀에게 자신이 생각하는 비전을 강요했는지, 아니면 하나님이 주신 비전을 발견하도록 돕고 있었는지 생각해보고 서로 이야기를 나누십시오.

다음의 질문을 놓고 함께 나눠 보십시오.

❶ 나의 어린 시절의 비전은 무엇이었습니까?

❷ 그 비전이 지금은 어떻게 변했습니까?

❸ 내 자녀의 비전은 무엇인지 알고 있습니까?

❹ 그 비전을 어떻게 생각하고 있습니까?

❺ 자녀의 비전을 위해 어떻게 돕는 것이 현명한 방법일까요?

11

동행

동행지수 체크리스트

아래 질문에 「매우 그렇다」면 ( )안에 10을, 「매우 그렇지 않다」면 0을 표시하되, 그 사이는 본인이 적당한 점수를 쓰십시오.

01	1주일에 한 번 이상 가정예배를 드린다.	
02	주일에는 온 가족이 함께 예배 드리는 일을 가장 우선시한다.	
03	개인적으로 큐티를 나누는 구성원이 있다.	
04	자주 온가족이 함께 예배를 드린다.	
05	서로의 기도제목을 알고 기도한다.	
06	하나님을 분명히 체험했다는 확신이 있다.	
07	하루에 한 번 이상 성경을 읽고 묵상한다.	
08	교회에서 봉사하고 있는 일이 한 가지 이상 있다.	
09	가정에서 하나님의 원리를 세우는 일을 중요하게 여긴다.	
10	살아 가는데 필요한 하나님의 말씀을 암송한다.	
※ 위에 기록한 점수를 합산하십시오. 그 점수가 동행지수(%)일 수 있으나, 정확한 것은 아니니 참고만 해 주십시오.		

다음은 한 영국인의 이력입니다.

- 16살에 죄를 짓고 교도소를 감.

- 20살이 되면서 이미 알코올중독자 증세를 보임.

- 도박으로 큰 빚을 졌음.

- 여성편력이 심해 마을에 소문이 났을 정도.

그런데 이 사람이 어느 날 예수님을 믿게 됐고 고아들의 아버지라는 별명으로 불리게 되었습니다. 그는 5만 번의 기도응답으로 유명한 조지 뮬러입니다.

슈바이처는 30살 때 이미 대학 교수였고, 유명한 음악가였으며 철학가였습니다. 그대로의 삶만 유지해도 평생 부와 명예를 누릴 수 있었지만 그는 아프리카로 떠났습니다. 21살 때 예수님을 만나고 아프리카로 떠나 복음을 전하고 봉사를 하겠다는 마음을 먹었기 때문이었습니다.

히틀러의 경호원이었던 쿠르트 바그너는 히틀러의 자살 소식을 듣고는 자신도 자살하려고 했습니다. 그러나 죽기 전 마지막 차 한 잔을 하다가 눈에 들어온 성경을 무심코 읽었고, 그 길로 회개하고 하나님을 믿고, 복음을 전하는 삶을 살다가 세상을 떠났습니다.

하나님을 만나는 사람은 반드시 변하게 됩니다. 그 어떤 흉악한 죄인도 변화되고, 아무런 소망도, 빛도 없던 사람이 세상의 그 누구보다도 찬란한 희망을 품고 다시 일어서게 됩니다. 죽음을 생각하던 사람은 다시 살게 되며 그 삶으로 또 다른 누군가를 살리게 됩니다.

하나님을 만나지 않고서는 절대로 일어날 수 없는 변화는 오로지 하나님을 만남으로만 설명될 수 있습니다. 자녀들이 정말로 변화되는 모습을 보고 싶다면, 그리고 평생에 걸쳐 흔들리지 않고 하나님이 주신 목표를 향해 올곧게 살아가게 하고 싶다면 하나님을 믿고, 하나님과 동행해야 합니다.

하나님을 믿고 동행한다는 것

우리 자녀들이 살면서 가장 이루었으면 하고 바라는 일은 무엇일까요? 부와 명예일까요, 아니면 한 분야의 최고가 되는 어떤 성공일까요?

하나님은 이것들 뿐만 아니라 우리의 인생, 우리 자녀의 인생을 통해 늘 동행하는 삶을 원하십니다. 평범한 일상일지라도 하나님과 늘 동행하는 삶을 하나님은 가장 기뻐하십니다. 그래서 성경에 나오는 에녹은 별 다른 실적이 없음에도 하나님을 기쁘시게 했고, 죽지 않고 하늘로 들려갔습니다.

"믿음으로 에녹은 죽음을 보지 않고 옮겨졌으니 하나님이 그를 옮기심으로 다시 보이지 아니하였느니라 그는 옮겨지기 전에 하나님을 기쁘시게 하는 자라 하는 증거를 받았느니라"(히브리서 11:5)

에녹은 엘리야와 달리 뛰어난 능력을 보였던 선지자가 아니라 그저 평범한 삶을 살았던 사람이었습니다. 그러나 에녹은 하나님을 기쁘시게 했습니다. 그것은 하나님과 늘 동행하는 삶을 살았기 때문입니다. 하나님이 누구인지 알고, 만나기를 간구할 때 하나님을 체험하게 되고 또 늘 동행하게 됩니다.

에녹과 같이 하나님과 동행하는 자녀로 만드는 데는 엄마, 아빠 역할이 무엇보다도 중요합니다.

저희 자녀들도 역시 세상적으로 볼 때는 최고로 쳐주는 학교에 들어가 스펙으로는 오히려 차고 넘치지만 에녹이 하나님을 기쁘시게 했던 원리가 무엇인지, 정말로 우리의 인생에서 중요한 게 무엇인지를 이미 각자의 신앙생활 가운데 깨닫고 있습니다. 그래서 이미 비전의 본문에서 소개한 희찬이의 일침처럼 종종 저에게 너무 자기들 학교며, 수상 경력 같은 이야기를 자랑조로 말하지 말라고 저에게 훈계 아닌 훈계를 하기도 합니다.

저는 자녀들이 어렸을 때부터 함께 가정예배를 드리고 기도하면서 늘 성경의 인물들을 빗대어 축복 해줬습니다. 그래서 세상

엄마들처럼 '세상에서 알아주는 무엇이 되게 해달라' 늘 식으로 기도하지 않았습니다.

　'모세 같은 리더십을 가진 지도자가,

　요셉처럼 꿈을 가진 비전의 사람이,

　다윗처럼 세상에 영향력을 주고 사람들을 변화시키는 사람이,

　다니엘처럼 어디 가서도 인정받는,

　바울처럼 복음을 전하는 영적인,

　디모데처럼 성경을 많이 알고 겸손한,

　사무엘처럼 영적인 거장'이 되게 해달라고 기도했습니다.

　그러면 아이들이 잘 몰랐을 때는 "엄마, 사무엘이 누구야? 다니엘이 누구야?" 이렇게 물어봤고 그러면 자연스레 성경 이야기를 해주며 자녀들이 믿음의 인물들을 통해 하나님의 살아계심을 알아가게 했습니다. 그러자 가정예배와 새벽기도 같은 기본적인 경건생활을 통해서 스스로가 영적인 체험을 통해 하나님을 인격적으로 만나고 그 과정에서 스스로 변화하며 비전을 품고, 노력하기 시작했습니다.

　하나님과 동행한다는 것은 결국 하나님과 우리 자녀가 일대일 관계에서부터 출발합니다. 그렇기 때문에 그 부분은 하나님을 믿고, 또 우리 자녀를 믿고 최대한 부모의 입장에서 신앙적인 부분이 잘 설 수 있도록 도와주는 것이 자녀를 위한 최선의 방법이며 자녀가 변화되는 가장 빠른 지름길입니다.

하나님과 동행해야 하는 이유

자녀들이 정말로 잘 되었으면 하는 바람이 있다면, 그리고 세상의 성공을 향해 달려가고 자기만 아는 껍데기 인생이 아니라 진짜 영향력 있는 명품 인생으로 살아가게 하고 싶다면 반드시 하나님을 체험하고 동행하게 해야 합니다. 그러면 자녀들이 스스로 변합니다. 저희 자녀들은 하나님을 체험한 뒤에 종종 사모인 저를 놀라게 할 정도의 믿음을 보여주기도 합니다.

제가 한 번은 둘째를 불러놓고 이런 말을 한 적이 있습니다.
"엄마가 다니면서 다른 엄마들을 만나보니까 유학 보내는 시기에 대해서 고민을 하는 사람이 엄청 많더라? 그래서 묻는 건데, 직접 경험한 너희가 봤을 때는 언제쯤 보내는 것이 가장 현실적으로 좋겠니?"
그런데 그 말을 들은 둘째가 이런 대답을 했습니다.
"엄마도 참... 언제 가느냐는 중요한 게 아니에요. 유학을 준비하는 아이가 하나님을 제대로 체험했는지가 정말로 중요한 거예요. 유학은 혼자서 떠나는 세상과의 싸움인데, 하나님을 제대로 만나지 못했다면 환경이나 친구를 따라 가게 되고 그러면 자신을 지킬 수가 없어요. 제가 가서 보니까 아무리 노력을 해도 혼자 힘으로는 지키지를 못하더라고요. 그래서 제가 봤을 때는 유학을 보내기 좋은 때가 있다기보다는 하나님을 제대로 만나 하나님과 동행하는 자녀인가를 보는 것이 정말 중요하다고 생각해요."

이 대답을 듣는 순간 너무 대견하기도 하고, 또 망치로 머리를 한 대 맞은 것 같았습니다. 지금도 당시의 둘째의 목소리가 머릿속에서 생생합니다. 그러면서도 '그래, 내가 어려서부터 가르친 게 바로 저거지, 저거 때문에 애들이 스스로 변화하고 지금처럼 잘 됐지…'라는 생각이 들었습니다.

저는 정말 다른 건 몰라도 아이들이 하나님과 동행하게 만들기 위해서, 삶 속에서 점점 경험하게 할 수 있게 신경을 썼습니다.

동물원에 가서 동물을 보면서도 "이 동물들은 하나님이 창조하신 동물들이야"라고 설명을 해 주고 버스를 탈 때도 "하나님이 오늘 우리에게 건강을 주셔서 무사히 버스를 탈 수 있고, 집에 갈 수 있는 거야"라는 식으로 모든 것이 하나님이 주셨기 때문에 가능했다고 설명했습니다.

특히 아이들이 콩쿨 같은 데서 입상을 해도 자만하지 않도록 "네가 하나님을 제대로 섬기고 있기 때문에 잘 된 거야, 그러니 겸손하게 더 열심히 해야 돼"라고 말했습니다.

그런데 그러다 보니 신기하게도 학교를 갈 때마다 선생님을 너무 잘 만났습니다. 그러더니 하루는 자기가 하나님을 믿고 함께해서 그런지 일이 너무 잘 풀린다고 자기 친구들도 놀란다고 말을 하며 스스로 "하나님은 살아계신가봐"라고 말했습니다. 그리고 나중에는 그 고백이 "하나님은 정말로 살아계신다"는 확신으로 바뀌었습니다.

자녀들의 이야기를 들어보면 실제로 유학생활이 쉽지는 않았습니다. 사춘기 때도 백인들이 처음에는 하도 무시해서 한바탕 하려다가도 '내가 그래도 나중에 목회자가 되려는 사람인데 이런 일에 싸우면 안 되지'라고 스스로 생각하고 화를 조절하며 참아냈습니다. 술, 담배, 그리고 마약의 유혹도 빈번했지만 거기에 빠지지 않을 수 있었던 것은 자기 안에 살아계신 하나님의 은혜 때문이라고 유학 생활 당시 저를 만날 때마다 고백을 했는데 지금 현지 유학생들을 대상으로 사역을 할 때도 먼저 하나님을 제대로 만나고 동행하게 하는 일을 가장 중요하게 여기며 돕고 있습니다.

지금 와서 돌아보면 모든 것이 정말 하나님의 은혜입니다. 하나님을 만났기 때문에 사람을 잘 만날 수 있었습니다. 선생님도 그렇고 친구도 그렇고, 그것이 하나님 때문이지 자기들이 잘나서가 아니라는 걸 제가 봐도 그렇고, 저희 자녀들 역시 알고 있었습니다.

그걸 알게 된 게 바로 제가 세상의 방식이 아닌 말씀을 기준으로 자녀들을 어려서부터 가르쳤기 때문이고 그래서 그 교육을 통해 자녀들이 직접적으로 하나님을 체험하고 동행했기 때문입니다.

하나님은 언제 어떤 방식으로 우리 자녀를 찾아오실지 모릅니다. 그래서 저는 정말로 말씀과 기도를 중요하게 여겼고, 또 교회의 프로그램 같은 것들도 거의 빠짐없이 열심히 참여시켰습니다.

이처럼 나를 만든 하나님을 알고 그분과 동행하는 것은 너무나 당연하며 중요한 일입니다. 나를 창조하신 주님을 모르고서는 주님이 주신 인생을 바르게, 또 값지게 살아갈 수 없기 때문입니다.

자녀에게 확실한 미래를 보장받게 해주고 싶다면 하나님을 온전히 만나게 해줘야 합니다. 그리고 하나님과 동행하는 것보다 그 어떤 것도 우선이 될 수는 없습니다. 당장의 스펙을 쌓기 위해 노력을 하는 것 이상으로 자녀들의 영적인 상태에 관심을 가져야 하며, 자녀들이 하나님과 동행할 수 있도록 이끌어주고 환경을 조성해주어야 합니다.

성경에 나오는 하나님을 만난 사람들

"100명의 그리스도인이 있으면 100개의 간증이 있다"는 말처럼 성경에는 하나님을 만난 각양각색의 사람들이 나옵니다.

사무엘은 어려서부터 엘리트 교육을 받고 한 치의 흐트러짐도 없이 하나님을 위해 살았던 사람입니다. 그리고 어려서부터 하나님을 만나고 주님의 음성을 듣고 사람들을 가르치는 선지자의 역할을 감당했습니다.

"단에서부터 브엘세바까지의 온 이스라엘이 사무엘은 여호와의 선지자

로 세우심을 입은 줄을 알았더라"(사무엘상 3:20)

　바울은 하나님을 믿는 사람들을 박해하는 사람이었습니다. 바울은 지식도 있고, 세상적인 명성도 갖췄고, 성경도 알았으나 잘못된 열정을 가지고 있었습니다. 그러나 그런 바울에게도 하나님을 찾아와주셨고 바울의 마음을 변화시키셨습니다. 하나님을 만난 바울의 삶은 180도 바뀌어 그리스도인들을 핍박하던 사람에서 이제는 목숨을 아까워 않고 그리스도의 복음을 전파하는 사도가 되었습니다.

　"나는 선한 싸움을 싸우고 나의 달려갈 길을 마치고 믿음을 지켰으니 이제 후로는 나를 위하여 의의 면류관이 예비되었으므로 주 곧 의로우신 재판장이 그 날에 내게 주실 것이며 내게만 아니라 주의 나타나심을 사모하는 모든 자에게도니라"(디모데후서 4:7-8)

　히스기야 왕은 간절한 기도로 죄를 회개하는 도중에 하나님을 만났고, 또 응답을 받았습니다.

　"너는 가서 히스기야에게 이르기를 네 조상 다윗의 하나님 여호와께서 이같이 말씀하시기를 내가 네 기도를 들었고 네 눈물을 보았노라 내가 네 수한에 십오 년을 더하고"(이사야 38:5)

　"그 내시가 빌립에게 말하되 청컨대 내가 묻노니 선지자가 이 말한 것이 누구를 가리킴이냐 자기를 가리킴이냐 타인을 가리킴이냐 빌립이 입을 열어 이 글에서 시작하여 예수를 가르쳐 복음을 전하니 길 가다가 물 있는 곳에 이르러 그 내시가 말하되 보라 물이 있으니 내가 세례를 받음에 무슨

거리낌이 있느냐"(사도행전 8:34-36)

에티오피아의 귀족이었던 내시는 빌립을 통해 복음을 듣고 예수님을 구세주와 주님으로 영접해 구원의 확신을 가졌으며 곧 세례를 받았습니다.

이처럼 하나님은 모든 사람에게 다양한 방법으로 나타나십니다. 하나님은 그만큼 우리 자녀를 만나고 싶어 하시고 또 동행 하고 싶어 하십니다. 그러므로 지금 우리 자녀의 상태가 어떠하든지 의심하지 말고 온전히 하나님께 맡김으로 노력한다면 하나님은 분명히 우리 자녀를 찾아와 주시고 그 삶을 변화시켜 주십니다.

하나님과 동행하는 방법

하나님을 동행하는 방법에 정답은 없습니다. 그러나 너무나 중요한 일입니다. 그렇기에 구체적인 목표를 세우고 될 수 있는 한 하나님과의 많은 접점을 자녀의 삶 속에 이어주도록 성경말씀을 토대로 자녀들을 이끌어 주어야 합니다.
제가 자녀들을 키우며 느꼈던 다음의 몇 가지 사항을 토대로 자녀들에게 살아계신 하나님과 동행 할 수 있는 다양한 방법을 열어 주는 것이 좋습니다.

1. 하나님을 제대로 알려주자

성경은 다양한 하나님의 이름이 등장 합니다. 하나님의 다양성을 강조하기 위해서입니다. 하나님은 여러 상황들 속에서 어떤 상황 어떤 자리에서도 다양하게 인생을 만나는 분이기 때문입니다. 하나님이 어떤 분이시고, 어떤 일을 하는지, 우리 삶에 어떤 영향을 미치는 분이신지 먼저 자녀들에게 제대로 알려주어야 합니다.

구약에서 하나님을 가장 많이 나타내는 단어인 '엘로힘'은 '강한자, 경외자, 지도자, 주권자, 권능자'라는 뜻입니다. 또한 신약에 나오는 예수님의 모습을 통해서 그런 모습들이 멀리 동 떨어진 성경 속의 이야기가 아니라 나의 삶을 관여하시고 지금도 역사하시는 분의 이야기라는 것을 자녀에게 가르쳐야 합니다.

"그러므로 자기를 힘입어 하나님께 나아가는 자들을 온전히 구원하실 수 있으니 이는 그가 항상 살아 계셔서 그들을 위하여 간구하심이라"(히브리서 7:25)

다양한 하나님의 이름을 성경이 이야기 하는 것은 다양한 상황 속에서도 다양하게 응답하시는 하나님의 속성 때문입니다. 그래서 우리는 어떤 상황에서도 하나님을 부르고 찾게 하는 믿음을 가르쳐야 합니다. 하나님을 제대로 가르치기 위해서는

1) 자녀들에게 하나님의 강하심을 가르치고,

2) 하나님만이 해답을 가지고 있음을 인식시키고,

3) 어떤 상황에서도 하나님을 만날 수 있을 가르치고 기억하게
   해야 합니다.

2. 가정의 분위기를 영적으로 만들라

생각은 행동을 만들고 행동은 습관을 만들고, 습관은 인생을
지배한다는 말이 있습니다. 우리 가정이 하나님의 영향권 하에
있음을 자녀들에게 어려서부터 보여주는 것은 거룩한 영적인 습
관을 만드는 중요한 일입니다. 부모의 믿음이 자녀들에게 모범이
되지 않는 한 어린시절 아이의 믿음이 자랄 수 없습니다. 엄마,
아빠의 열심과 모범은 자녀들의 삶을 만드는 기준이 됩니다. 성
경의 족장 이야기는 아브라함에서 이삭, 야곱, 요셉으로 이어지
며 나의 할아버지 아버지의 하나님이 나의 하나님이 됨을 분명
히 고백 합니다.

"우리 아버지의 하나님, 아브라함의 하나님 곧 이삭이 경외하는 이가 나
와 함께 계시지 아니하셨더라면 외삼촌께서 이제 나를 빈손으로 돌려보내
셨으리이다마는 하나님이 내 고난과 내 손의 수고를 보시고 어제 밤에 외
삼촌을 책망하셨나이다"(창세기 31:42)

다음은 가정의 분위기를 영적으로 만드는데 도움이 되는 구체
적인 지침들입니다.

1) 영적인 분위기 만들기

1주일에 한 번이라도 가정예배를 드리는 것이 좋고, 예배가 부담된다면 최소한 큐티 정도는 온가족이 모여서 하는 것이 좋습니다. 기도제목과 응답의 내용을 공유하며 가족들이 쉽게 모일 수 있는 장소와 분위기를 꾸미십시오. 그리고 사회자가 자녀들이 되도록 하십시오.

2) 말과 행동을 조심하기

말과 행동, 그리고 자녀들을 대하는 모습에 신경을 써야 합니다. 되도록 믿음의 언어로 좋은 감정을 전달해주는 수단으로 말과 행동, 그리고 교제가 이루어져야 하지 밖에서 받은 스트레스와 울분을 서로에게 해소하는 시간이 되어서는 안 됩니다. 먼저 부모들부터 집안에서의 말과 행동이 성경적이고 믿음의 향기가 나도록 노력하고 신경 쓰십시오.

3) 신앙 성장을 위한 온가족 프로그램 만들기

가족들이 교회에서 함께 봉사할 수 있는 방법을 찾거나, 혹은 주말에 봉사활동을 기획하십시오. 양화진과 같은 성지나 교회의 좋은 프로그램들에 참석하는 것도 큰 도움이 됩니다. 가족 구성원들이 동일한 믿음의 방향을 갖고 하나 됨을 경험하는 것은 행복한 가정을 만들고 다 같이 하나님을 체험하는 일이 큰 도움을 줍니다.

4) 먼저 모범 보이기

하나님의 뜻을 우선시하고 기도와 말씀에서 해답을 찾는 모습이 부모님들에게 먼저 있어야 합니다.

내가 만난 하나님을 자녀들에게 제대로 가르칠 수 있어야 자녀들도 하나님이 어떤 분이신지를 알게 되고 또 만나게 됩니다. 저는 비록 어렵고 힘들지만, 그리고 자녀들 건강도 좋지 않은 상황이었지만 그 가운데 역사하실 하나님을 믿었고, 그 믿음이 실제로 조금씩 모든 것을 변화시켰습니다. 그리고 그 하나님을 경험한 자녀들도 변화되었습니다.

지금 큰 아이는 연주를 하며 하나님을 간증하러 미국 전역을 돌아다니고 있고, 나중에는 공산국가에 음악을 가지고 들어가 복음을 전하고자 하는 꿈을 가지고 있습니다.

둘째는 아예 목회자의 길을 걷기로 작정을 하고 전 세계를 돌아다니며 말씀을 전하고 사람들에게 예수님을 알게 하는 일에 쓰임을 받기 위해서 준비를 하고 있습니다.

각자 다루는 악기도 다르고, 하고자 하는 일도 조금은 다르지만 그 본질은 하나님의 일을 위해서 쓰임받자, 하나님께 필요한 도구가 되자는 공통된 마음에서 벗어나지 않습니다.

3. 먼저 하나님께 의지하게 하기

미국의 16대 대통령 링컨은 백악관에 기도실을 만들어 언제나 국가의 중대사를 처리하기 전에 하나님의 뜻을 물었습니다. 물론 하나님이 우리의 일거수일투족에 관여하시지 않고 모든 질문에 응답하시는 것은 아닙니다. 그러나 당연해 보이는 일일지라도 주님을 우선순위에 놓고 기도하는 습관은 내 삶의 우선순위가 언제나 하나님이며, 나의 생각과 다른 응답과 감동이 오더라도 순종을 하겠다는 표현이 됩니다. 이런 의미를 자녀에게 잘 가르치고 매일 찾아오는 삶의 중요한 순간들에 먼저 주님께 뜻을 묻는 습관을 가지도록 이끌어주어야 합니다.

자녀들이 자신의 삶이 하나님께 전적으로 맡겨져 있음을 아이들이 깨닫는 것이 진정한 축복이며 부모가 느낄 수 있는 진정한 행복입니다.

어느 어버이날에 성찬이가 보낸 편지입니다.

"엄마, 그 동안 표현은 안 했지만 전 목회자 가정에서 태어났다는 것을 정말 감사하게 생각하고 있어요. 목회자의 자녀였기 때문에 몸과 마음이 지치고 힘들 때 기도해야 한다는 것을 배웠고 주일에는 꼭 예배를 온전히 드려야 한다는 것을 알았어요. 인생의 모든 의문과 지혜는 성경을 통해서 알 수 있다는 것도 깨닫게 해주셔서 감사해요. 목회자의 자녀여서 친구들의 유혹에도 불구하고 술과 담배를 지금껏 한 번도 안 할 수 있었고 나를 지킬 수 있었던 것 같아요. 그래서 정말로 감사해요."

하나님을 의지하면 삶의 우선순위가 변할 수밖에 없고, 그로 인해 하나님의 살아계심을 더욱 확신하게 되고 놀라운 능력을 체험하게 됩니다. 그래서 하나님과의 동행이 중요합니다.

다니엘의 세 친구가 느브갓네살 왕의 신상에 절하지 않으면서 고백한 고백입니다

"그렇게 하지 아니하실지라도 왕이여 우리가 왕의 신들을 섬기지도 아니하고 왕이 세우신 금 신상에게 절하지도 아니할 줄을 아옵소서"(다니엘 3:18)

분명한 신앙의 기준이 서면 하나님에게 인생의 모든 것을 걸게 됩니다.

인생에서 어떤 어려운 일을 만나던지 먼저 하나님께 기도하게 하고, 하나님만 바라보게 하고, 하나님이 분명히 지켜주신다는 사실을 자녀들에게 가르쳐주십시오. 이것이 하나님과 동행하는 삶입니다.

"이것이 노아의 족보니라 노아는 의인이요 당대에 완전한 자라 그는 하나님과 동행하였으며"(창세기 6:9)

함께 나누기

　자녀들이 하나님과 동행하는 데에 가장 중요한 것은 부모의 신앙이며 또한 어머니의 기도와 노력입니다. 내가 체험한 하나님에 대해서 먼저 생각해보고 자녀에게 그동안 신앙의 중요성과 하나님을 우선순위로 놓는 일에 대해서 어떻게 교육하고 있었는지 서로 이야기해 보고 부족한 점을 메꿀 방법을 찾아보십시오.

다음의 질문을 놓고 함께 나눠 보십시오.
❶ 어떻게 아이들이 하나님과 동행할 수 있을까요?
❷ 부모가 어디까지 도울 수 있을까요?
❸ 자녀들이 나의 모습에서 살아계신 하나님을 체험할 수 있을까요?
❹ 우리 가정이 하나님의 말씀 안에 바로 서 있나요?
❺ 가정의 영적 분위기를 만들기 위해 어떤 일을 해야 할까요?

12

낙심

낙심지수 체크리스트

아래 질문에 「매우 그렇다」면 ( )안에 10을, 「매우 그렇지 않다」면 0을 표시하되, 그 사이는 본인이 적당한 점수를 쓰십시오.

01	한 번 포기한 일은 다시 도전하지 않는다.	
02	뚜렷한 취미나 특기가 없다.	
03	흥미가 있어도 두려움 때문에 시도 안한 일이 있다.	
04	과거의 실수로 오랜 시간 괴로워하는 편이다.	
05	가끔씩 쓸데없는 걱정으로 오랜 시간을 보낸다.	
06	나의 미래에 대해서 걱정 할 때가 많다.	
07	다른 사람의 말에 큰 영향을 받는다.	
08	다른 사람의 위로를 받아도 힘이 나거나 고맙지 않다.	
09	몸과 마음이 무기력할 때가 많다.	
10	인생의 계획이나 목표를 세우는 일이 두렵다.	
※ 위에 기록한 점수를 합산하십시오. 그 점수가 낙심지수(%)일 수 있으나, 정확한 것은 아니니 참고만 해 주십시오.		

　멕시코의 유명한 조각가 가르샤도가 자신의 작품 인생을 건 어떤 인물상을 조각하고 있었습니다. 그리고 작품을 절반 정도 완성했을 때에 다음 작업을 위해 쓸 돌을 구하기 위해 직접 채석장을 찾았습니다. 마음에 드는 대리석을 몇 개 발견한 그는 인부들과 함께 그 돌을 실었는데, 그러다 실수로 돌이 떨어져 오른손을 완전히 못 쓰게 되었습니다.

　그는 낙심했고 절망했습니다. 조각가로써만 살아왔던 인생이 너무나 허무했습니다. 그렇게 방 안에서 실의에 빠져 신세한탄만 하던 그는 문득 자기가 만들던 미완의 조각상을 생각했습니다. '그래, 기왕 이렇게 된 거 그 조각상이나 어떻게든 마무리를 해보자. 절반 정도는 했으니 왼손만으로도 마무리는 할 수 있겠지.'

　그는 옮기다 손을 다쳤던 대리석들을 가지고 왼손을 사용해 조각을 하는 연습을 했습니다. 그런데 대리석들을 모두 사용하고 나니 왼손만 가지고 이전의 오른손을 사용했을 때 못지않게 훌륭하게 조각을 할 수 있게 되었습니다. 그는 인생을 건 조각을 왼손으로 마무리 했습니다. 그리고 멕시코시티에 전시된 이 조각상에 사람들은 '그럼에도 불구하고'라는 이름을 붙여주었습니다.

　낙심(낙담)은 사람을 넘어뜨리고 쓰러트립니다. 어떤 낙담은 너무 강력해 도저히 스스로 극복할 수 없다고 느껴지기도 합니다. 그러나 그럼에도 불구하고 낙담에서 일어나려고 노력할 때 새로운 희망이 보이고, 성장하고, 다른 사람들에게 감동과 메시지를 주는 삶이 됩니다.

어떤 방식으로든 사람들은 꿈과 희망을 갖고 또 노력하며 살아갑니다.

그러나 그 과정 중에 필연적으로 실패를 경험하게 되는데, 그때 희망이 나에게 존재하지 않는다고 생각할 때 낙심하게 되며 이 과정이 반복될 때 그보다 더 심한 슬럼프에 빠져 헤어 나오지 못하게 됩니다. 그러나 가장 심각한 낙심의 순간에도 여전히 희망은 우리 근처에 있습니다. 다만 아직 하나님의 때가 임하지 않았을 뿐입니다. 자라나는 십대 청소년들은 많은 도전과 시도를 통해 많은 실패를 경험하게 되는데 이 과정을 통해서 하나님의 말씀을 알지 못하고 희망을 품지 못하게 되면 낙심을 이겨내지 못하고 쓰러지게 됩니다. 그러나 하나님의 말씀을 분명히 알고 그 말씀이 약속하는 축복을 믿게 된다면 어떤 시련이 와도 낙심하지 않고 극복할 수 있습니다.

낙심의 정의

사람들은 모두 인생의 어떤 목표와 목적을 가지고 살아갑니다. 그 목표와 목적을 이루기 위해서 저마다의 계획을 세우고 노력을 통해 이루어나가는데 그 과정이 실패로 끝나고 극복을 하지 못할 때 낙심을 하게 됩니다. 즉, 낙심은 원하고자 하는 일을 이루지 못함으로 인해 생깁니다. 낙심의 영어단어인 'Despair'도 '희망으로부터 떨어지다'라는 어원의 합성어로 생겨났습니다.

피아노를 전공하고 남편을 만났을 당시 목회자 사모가 되면 음악을 포기해야 할 것 같다는 생각에 잠시 망설이고 있었습니다. 그런데 그런 저의 마음을 돌리려고 남편이 당시 저에게 나중에 교회가 잘 되고 사정이 나아지면 유학을 보내 준다고 했습니다. 음악을 하는 사람들은 거의 필수로 가야 하는 게 유학인데, 정말 그렇게만 되면 사랑도 성공하고 음악도 포기하지 않아도 되겠다 싶어서 엄청난 반대를 고사하고 결혼을 했습니다.

그렇게 장밋빛 희망을 품었지만 당시 개척교회를 하던 때라 처음에는 조금 힘들 거라고 예상은 했는데, 막상 결혼을 해보니 힘든 상황과 여건이 제가 생각한 것보다도 훨씬 밑바닥을 기었습니다. 먹고 사는 것도 힘들 정도였습니다.

대학원을 다니던 도중에 그것도 반대를 무릅 쓰고 결혼을 했기 때문에 살림을 잘 꾸릴 여건들도 챙겨지지 않았고, 생활도 힘들고 게다가 개척교회 사모를 오래 하다 보니 이런 저런 일들이 계속해서 일어나게 되며 마음도 약해지고 낙심하게 되고 힘도 떨어져 나중에는 내가 이대로 계속 살 수 있을까라는 생각이 들 정도로 고민도 되고 신앙도 약해졌습니다.

마치 신앙생활에 암이라도 걸릴 것 같았던 상황이었는데 그때 큰 아이가 아픈 상태로 태어나면서 말 그대로 낙심의 연속인 인생을 살게 되었습니다.

결혼 이후에 기대했던 것이 하나도 충족된 적이 없었지만 이대로 가다간 정말 못 버티고 죽겠다는 생각에 오히려 낙심을 빨리 넘어야겠다는 생각을 했지만 그래도 넘어지고 의욕이 생기지 않았습니다. 그 후로도 4,5년 정도 그런 삶이 계속될 수밖에 없었는데, 내가 이대로 가면 나뿐 아니라 자녀까지 다 끝날 것 같아서 어쨌든 장애물을 넘어야겠다고 생각이 들어 최소한의 힘을 낼 수 있었습니다.

완전 무기력증에 빠져 있는 상황 속에서 가장 먼저 시작했던 것이 어쨌든 '다시 시작해보자', '뭐라도 해보자'였는데, 그 상태에서 살기 위해서 정말 죽을 힘을 다해 아내, 부모, 사모로써의 일도 정말 열심히 했습니다. 그렇게 노력하는 가운데 큰 아이도 호전이 되기 시작했고 교회도 부흥되기 시작하면서 조금씩 희망의 빛이 비추었습니다. 그러던 중 둘째도 태어나 어쨌든 공부는 못해도 착하게 자라주고, 그러면서 조금씩 상황이 나아지면서 낙심이 희망으로 번져가기 시작했습니다.

「낙심」은 '희망으로부터 떨어져 있다'고 생각될 때 오게 됩니다. 그러나 그런 상황에서 가만히 견디고 있다고, 또 머물러 있다고 낙심은 저절로 해결되지 않습니다. 낙심의 상태는 견디고 모른 척하는 상태가 아니라 싸워서 이겨내야 할 상태입니다.

낙심은 마치 감기 같은 질병이며 또한 전염성이 강합니다. 부모의 낙심은 자녀에게 전염되며 자녀의 전염은 또한 부모에게 전염됩니다.

영국이 일으킨 보어 전쟁 중에는 '낙담시키는 사람'이라는 죄명으로 많은 사람들이 군법재판을 받았습니다. 사람을 때린 것도 아니고 명령을 어긴 것도 아니지만 상황이 불리하다는 말 한 마디로 인해 다른 병사들까지 사기를 잃고 의욕을 잃었기 때문입니다.

그렇기 때문에 낙심은 단순히 자녀를 보호하고 신경 쓴다고 되는 것이 아니라 부모와 자녀가 함께 극복함으로 이겨내야 할 상태입니다.

낙심을 극복할 줄 아는 부모가 낙심을 극복하는 자녀를 만들고, 그런 자녀들이 세상에 나가서 부정적인 영향력을 이겨내고 빛과 소금의 역할을 하게 되기 때문에 늘상 지금의 나, 그리고 자녀의 상태가 어떤 감정에 처해 있는지, 그것을 극복할 의지와 여력이 있는지 살피는 것이 중요합니다.

낙심의 유형과 원인

낙심을 제대로 파악하기 위해서는 먼저 스스로 진단을 내리고 낙심하게 되는 원인이 무엇인지 아는 것이 중요합니다. 대부분은 자신의 상태를 잘 인지하고 있겠지만 그래도 잘 모르겠다면 먼저 다음의 질문을 통해 지금 어떤 상태에 있는지 먼저 확인해 보십시오.

1) 분명 열심히 사는 것 같은데 보람과 기쁨이 없다.
2) 노력의 대가가 적다는 생각이 들고, 실망감이 생긴다.
3) 어떤 일을 할 때 안 되는 이유가 먼저 떠오른다.
4) 의욕이 떨어져 해야 할 일을 할 수가 없다.
5) 때때로 사람들을 피해 혼자 숨고 싶다.

현재 위와 같은 감정 상태에 있다면, 혹은 최근에 위의 감정 상태를 복합적으로 자주 경험하고 있다면 지금 낙심의 상태에 빠져있는 것입니다. 지금 내가 낙심의 상태에 빠져 있다면 자녀의 상태는 어떤지 살펴보고 또 위의 질문을 물어보십시오. 낙심은 매우 심각한 일을 당해서 찾아오기도 하지만 사소한 육체적, 감정적 피로로 인해 찾아오기도 합니다.

지금 내가, 혹은 우리 자녀가 빠져있는 낙심의 유형과 원인이 무엇인지 다음의 항목을 통해 먼저 파악해보십시오.

1. 육체적, 정신적 피로

보통 낙심은 마음만의 문제라고 생각하는 경우가 많지만 사실

육체와 정신이 마음에 큰 영향을 미치는 것도 없습니다. 육체와 정신의 과도한 사용으로 지쳐있다면 낙심에 빠질 확률이 매우 커집니다. 부정적인 생각에 대한 저항력은 떨어지게 되고, 상황을 있는 그대로 보지 못하고 더욱 비관적으로 인식하게 됩니다. 이런 상황에서 지속적으로 새로운 일들을 시작하게 된다면 집중력과 자신감이 매우 크게 하락한 상태에서 제대로 해낼 수 없게 됩니다.

2. 뜻밖의 좌절

전혀 예상치 못한 어려움으로 인해 중요한 일이 가로막혀 있을 때, '왜 나한테 이런 일이 생기는 건데?'라는 생각이 들면서 낙심하게 됩니다. 사소한 문제로 실제 일에는 큰 영향력을 끼치지 않는다 해도 상황의 의외성이나 심한 부담감이 있을 때 뜻밖의 작은 좌절만으로도 낙심하게 됩니다. 부모 입장에서 자녀가 이런 일을 겪고 있을 때는 실패가 아무리 사소한 실수로 인한 것이라 하더라도 윽박지르기 보다는 먼저 이해하고 보듬어 줘야 합니다.

3. 실패

최선의 노력을 다해 수행한 일이 결국 실패한다면, 성적을 올리기 위해 매일 꾸준히 공부한 자녀가 오히려 성적이 떨어졌다

면 어찌 보면 낙심하는 것은 당연합니다. 그러나 이런 때라도 낙
심이라는 반응은 상황을 개선시키는 데에는 전혀 도움이 되지
않기 때문에 자기연민이나 비하, 남 탓을 하기보다는 조금 더 노
력할 수 있는 좋은 방향으로의 자극을 주며 낙심을 이겨내게 해
주어야 합니다.

4. 자기중심적인 기준

사람들의 시선과 자기가 가진 잘못된 가치관으로 세워진 기준
은 때때로 정말 중요한 것이 무엇인지 놓치게 만듭니다. 무의미
한 목표를 좇으며 헛된 노력을 해봤자 결국 공허함만을 느끼기
때문에 일의 성공이나 실패와는 관계없이 결국 언젠가는 낙심을
경험하게 됩니다. 자기보다 남의 시선을 의식할 때, 말씀보다 자
기 생각을 기준으로 삼을 때 이런 종류의 낙심이 찾아옵니다. 그
러나 자기 생각이 아니라 남을 먼저 생각하고 하나님의 말씀을
기준으로 삼을 때는 이런 낙심이 찾아올 수가 없습니다.

둘째 희찬이가 고등학교를 졸업할 때, 평소에 자주 못 가봐서
졸업식이라도 꼭 참석해야겠다 싶어 미국으로 찾아갔습니다. 그
런데 졸업식 때 입을 티셔츠 뒤쪽이 구멍이 나 있었습니다.
"졸업식인데 티가 이게 뭐냐?"
"괜찮아요."
"아무리 돈이 없어도 이 정도는 해줄 수 있어. 이것도 못 사주

면 내가 잠을 못잘 것 같으니 옷가게로 가자."

거의 끌고 가다 시피 해서 데려갔는데 가는 곳마다 비싸다고 애가 안 산다고 해서 다섯 군데나 매장을 돌았는데 티셔츠 하나를 못 샀습니다. 그리고 추수감사주간이니까 인터넷에서 싸게 사면된다고 손사래를 쳤습니다.

처음에는 '우리 애가 정말 어렵게 사는구나, 그리고 철이 많이 들었구나'라는 생각 정도만 들었는데 조금 지내면서 보니까 그 정도가 아니었습니다. 그렇게 가난하게 아끼며 살면서도 남을 돕는 일, 베푸는 일에는 조금도 아끼지 않고 돈을 쓰는 모습이 삶 속에 자리잡고 있었습니다.

물론 근본적으로 돈도 없었지만 남을 돕고 베푸느라 정작 자기한테 쓸 돈이 그나마 없었던 거였습니다. 신기하게도 우리 애들은 둘 다 자기를 위해서는 투자를 안 하는데 남을 위해서는 아끼지 않고 잘씁니다. 아마 성경을 보고 예수님의 마음을 알게 된 건지 아니면 어려서부터 우리의 고생하는 모습을 보고 그랬는지는 잘 모르겠지만 큰 아이 같은 경우에는 어린 시절 허름한 옷으로 놀림을 당해서 마음에 상처도 있을 텐데 참 대견했습니다.

이렇게 하나님 중심, 말씀 중심으로 기준을 삼는 자녀들에게는 세상적인 기준이 충족되지 못했다고 해서, 설령 고등학교 졸업식 때 구멍이 난 티셔츠를 허름하게 입는다 해도 낙심하지 않고 오히려 그런 상황 가운데서도 남을 섬길 줄 아는 자녀가 됩니다.

성경에 나오는 낙심

성경을 보면 놀라운 기적을 행한 많은 믿음의 위인들도 종종 낙심을 했다는 것을 알 수 있습니다.

특히 바알 선지자들과의 대결에서 하나님의 기적을 통해 완승을 거둔 엘리야는 오히려 낙심의 상태에 빠지고 목숨마저 포기하는 심각한 우울증을 겪습니다.

엘리야는 분명히 하나님의 기적을 체험하고, 바알의 선지자들과의 대결에서 완승을 거뒀지만 본인은 그렇게 생각하지 않았습니다. 그래서 성경을 보면 이런저런 핑계를 대며 현실에 대한 불만을 표출했으며 결국 자기 목숨을 거두어 달라는 말까지 했습니다. 자살 충동을 가진 것입니다.

"그가 이 형편을 보고 일어나 자기의 생명을 위해 도망하여 유다에 속한 브엘세바에 이르러 자기의 사환을 그 곳에 머물게 하고 자기 자신은 광야로 들어가 하룻길쯤 가서 한 로뎀 나무 아래에 앉아서 자기가 죽기를 원하여 이르되 여호와여 넉넉하오니 지금 내 생명을 거두시옵소서 나는 내 조상들보다 낫지 못하니이다 하고"(열왕기상 19:3-4)

골리앗이 이끄는 블레셋 군대와 대치하고 있던 이스라엘 군대도 하나 같이 낙심해 있었습니다. 나라와 가족을 지키기 위해 힘과 용기를 내야할 전장이지만 골리앗이라는 단 한 명의 장수의 기세에 눌려 이스라엘 진영은 사실상 패배를 당한 것 같은 분위기에 빠져 있었습니다.

"그 블레셋 사람이 또 이르되 내가 오늘 이스라엘의 군대를 모욕하였으니 사람을 보내어 나와 더불어 싸우게 하라 한지라 사울과 온 이스라엘이 블레셋 사람의 이 말을 듣고 놀라 크게 두려워하니라"(사무엘상 17:10-11)

느헤미야 시대의 이스라엘 백성들도 완전히 황폐화된 성벽과 성전을 보면서 다시 재건할 생각을 하지 못하고 패배주의에 빠져 있었습니다.

이처럼 낙심은 위대한 선지자에게도 찾아오고, 한 나라와 민족에게까지 전염되기도 합니다. 그러므로 자녀가 낙심해 있다고 너무 나무라거나 다그쳐서는 안 되며 열린 마음으로 다가가 원인을 함께 파악하고 그에 맞는 해결책을 찾는 것이 우선입니다.

성경을 더 읽어보면 이런 낙심 가운데 빠졌던 믿음의 인물들이 또한 어떻게 하나님께 위로를 받고 극복했는지도 나옵니다. 그 말씀을 통해서 오늘 날 나와 자녀의 삶에 동일하게 적용하므로 마찬가지로 낙심을 이겨낼 수 있습니다.

낙심을 극복하는 방법

낙심의 정의와 원인을 살펴보면 낙심은 아무리 위대한 사람도 낙심할 수 있고, 또 어찌 보면 자연스러운 현상이라는 것을 알게 됩니다. 그러나 그럼에도 낙심의 원인을 빨리 찾아내고 극복을 해야 하는 이유는 낙심은 하나님이 원하시는 것이 아니며 우리 자녀들이 하나님이 주신 비전을 찾아 삶을 통해 이루어내는 일에 방해가 되기 때문입니다. 그래서 다윗은 스스로의 연약함을 고백하며 하나님께 도우심을 구했습니다.

"내 영혼아 네가 어찌하여 낙심하며 어찌하여 내 속에서 불안해 하는가 너는 하나님께 소망을 두라 그가 나타나 도우심으로 말미암아 내가 여전히 찬송하리로다"(시편 42:5)

지금이야 자녀들도 번듯한 대학교 졸업하고 저도 교회가 자리를 잡고 많이 알려져서 이런 이야기를 웃으면서 할 수 있지만 그래도 자녀를 키우면서 저만큼 자주, 또 깊이 낙심했던 부모는 흔치 않을 것입니다.

지금도 눈물이 나서 어디를 가도 잘 하지 않는 이야기지만 그래도 누군가 처한 낙심을 이겨낼 희망이 될 수도 있다는 생각으로 이야기를 하겠습니다.

초등학교 6학년 때 큰 아이가 유명한 콩쿨에서 입상을 해서 카네기 홀에서 연주할 수 있는 기회가 생겼습니다. 비행기 값이 없었으나 자녀들에게 흔치 않은 기회라 일단 카드로 결제를 하고 애 둘을 데리고 떠났는데 호텔을 잡을 돈이 없어서 잠을 잘 곳이 없었습니다.

대책 없이 무작정 떠났던 터라 도착하니 상황이 보였는데, 그래도 카네기홀 안에서 어떻게 히터도 나오니까 잘 수 있을 거라고 생각했다가 그래도 숙소를 정하는 것이 날 것 같아서 밖으로 나가려는데 거기 관리하는 사람이 우리가 안에 있는 줄을 모르고 문을 잠궈버렸습니다.

밤새 문을 두드리다 결국 별 수 없이 거기서 자녀들과 함께 밤을 지샜고, 그 다음날 한국에 전화해서 알아보니 뉴욕에 아는 친척이 있어서 거기서 신세를 졌습니다.

거기 머물다가 연주를 마치고 이제 떠나려고 공항을 가야 되는데 보답할 게 없어서 입고 갔던 코트를 드렸습니다. 돈이 없어서 입고 온 옷으로 감사를 표현해야 하는 것도 서러운데 때마침 눈까지 내렸습니다. 가뜩이나 힘든데 너무 서러웠고, 하필 날까지 추워져 코트를 벗어준 내가 더 비참하게 느껴졌습니다. 이렇게 도저히 할 수 없는 상황이었음에도 하나님은 결국 피할 길을 주셨습니다. 핑계를 대고 포기해야할 상황이 한두 가지가 아니었으나 결국 하나님은 넘게 하셨습니다.

이렇게 힘든 상황 가운데에서 결국 하나님이 일어서게 해주셨고 그래도 그런 비참한 상황 가운데 애들이 거기서 유명한 연주자들을 보고 또 직접 연주를 하면서 꿈을 키워서 지금은 오히려 그 꿈을 실현하고 있는 감사한 추억이 되었습니다. 그렇기에 낙심은 넘어서야 하는 것이지 그냥 당하고 머물러 있으면 안 됩니다.

낙심은 인생의 성장통과 같습니다. 낙심은 매우 삶을 괴롭게 하고 피할 수도 없는 것이지만 잘 극복하면 자신감이 생기고, 인생의 더 큰 그림을 그릴 수 있게 되고, 반복되는 실수가 사라지며, 개인과 속한 집단의 분위기가 밝아집니다. 낙심을 극복함으로 인해 지속적인 성장을 경험하게 되는 것입니다.

낙심을 이겨내는데 도움이 되는 방법은 다음과 같습니다.

1. 휴식을 취하라

엄청난 승리를 거두고도 낙심했던 엘리야는 로뎀나무 아래에서의 쉼을 통해 다시 회복되었습니다. 낙심이 찾아올 땐 지금 육체적으로, 정신적으로 너무 피곤한 것이 아닌지 먼저 점검해보고 중요한 일이 있더라도 푹 휴식을 취하고 다시 시작하는 것이 좋습니다. 육체와 정신이 제 상태가 아닌데 계속 붙잡고 있는 것은 효율에 있어서 더 좋지 않습니다.

"로뎀 나무 아래에 누워 자더니 천사가 그를 어루만지며 그에게 이르되 일어나서 먹으라 하는지라 본즉 머리맡에 숯불에 구운 떡과 한 병 물이 있더라 이에 먹고 마시고 다시 누웠더니 여호와의 천사가 또 다시 와서 어루만지며 이르되 일어나 먹으라 네가 갈 길을 다 가지 못할까 하노라 하는지라 이에 일어나 먹고 마시고 그 음식물의 힘을 의지하여 사십 주 사십 야를 가서 하나님의 산 호렙에 이르니라"(열왕기상 19:5-8)

2. 부정적인 대처를 피하라

낙심을 마음의 약함이라고 생각하는 사람들은 무조건 다그쳐서 낙심을 극복하라고 합니다. 그러나 자신에게도 남에게도 이런 대처는 하지 않는 것이 좋습니다.

낙심은 성공한 사람에게도 찾아오며, 하나님의 사람에게도 찾아옵니다. 감정적인 대응보다는 있는 그대로 원인을 파악하고 효과적인 대처방법을 찾는 것이 좋습니다.

다윗은 자신을 비참한 상황에 빠지게 만들고 끝까지 괴롭히던 사울왕을 죽일 기회가 있었지만 그 자리를 피했습니다. 사울왕을 죽여서 해결되는 문제가 아니며 하나님을 먼저 생각하는 겸손과 믿음이 있었기 때문입니다. 이처럼 그 아무리 비참한 상황에 처해 있다 하더라도 일단 더 좋은 방법이 있는지 생각해야 합니다.

"다윗이 아브넬에게 이르되 네가 용사가 아니냐 이스라엘 가운데에 너 같은 자가 누구냐 그러한데 네가 어찌하여 네 주 왕을 보호하지 아니하느냐 백성 가운데 한 사람이 네 주 왕을 죽이려고 들어갔었느니라 네가 행한 이 일이 옳지 못하도다 여호와께서 살아 계심을 두고 맹세하노니 여호와의 기름 부음 받은 너희 주를 보호하지 아니하였으니 너희는 마땅히 죽을 자이니라 이제 왕의 창과 왕의 머리 곁에 있던 물병이 어디 있나 보라 하니"(사무엘상 26:15-16)

둘째 희찬이의 고등학교 졸업식 때 두 아이를 데리고 졸업연주를 끝내고 한국으로 오는데, 공항에서 기다리는 도중에 아이들이 쥬스가 마시고 싶다고 했습니다. 그래서 사 줄려고 지갑을 봤더니 1달러 짜리 지폐 한장 없고 동전만 잔뜩 있었습니다. 그런데 공항이다 보니 사람들이 많아 카페에서 줄을 서서 기다리고 있는데, 제가 앞에서 동전을 계속 세면서 돈을 찾고 있으니까 뒤에 줄을 서 있던 사람들이 싫어했고, 매점 직원도 짜증을 내던 중 뒤에 어떤 남자가 달러를 테이블에 내고 대신 계산하라고 했습니다.

영어를 잘 모르는 저는 그냥 호의인 줄 알고 '참, 별 일이 다 있네' 했는데 영어를 아는 우리 아이들이 "엄마, 지금 우리 거지 취급당했다"며 왜 지폐를 내지 동전을 세고 있냐고 했습니다.

당시에 교회도 처음 짓고 외환위기가 와서 이자도 못 낼 때였는데 애들이 설마 1달러가 없나 싶어서 내 심정을 몰랐던 거였습니다. 그러나 그 상황에서 기분 나빠하지 않고 의연히 자녀들에게 사과를 하고 그냥 넘어갔습니다. 만약 그 상황에서 내 힘든 상황을 이야기하며 감정적으로 아이들과 대립했으면 우리들은 정말 깊은 낙심의 늪에 빠졌을겁니다. 지금도 가끔 애들이랑 그 얘기를 하는데, 아이들은 지금도 내가 돈이 없어서 그런 줄을 모르고 그냥 동전을 쓰려고 그랬던 걸로 알고 있어서 웃어넘깁니다.

제가 지금도 생각하면 낯이 뜨겁고 창피한 이 밑바닥 이야기까지 하는 것은, 지금 생활의 어려움으로 자녀들에게 제대로 못해주고 있다고 자책하며 가슴 아파하는 사모님들과 성도님들에게 위로와 희망이 됐으면 해서 입니다. 그 아이들이 지금은 어느 누구도 함부로 대하지 못하는 청년들로 하나님이 키워 주셨으니까요. 그러므로 좌절하거나 낙망하지 맙시다. 어쩌면 그 과정은 큰 인물로 키우고 싶은 하나님의 훈련일 수 있으니까요. 돈이 많아야, 공부를 잘해야, 환경이 좋아야, 빽이 있어야, 잘 생겨야… 잘 되는 것이 아닙니다. 하나님이 잘 되게 해 주시면 그 모든것이 부족하고 없어도 자녀들이 잘 됩니다. 그러므로 낙심하지 말고 하나님을 더욱 의지합시다.

3. 누구나에게 찾아오는 것임을 알라

살다보면 감기처럼 누구에게나 찾아오는 것이 낙심입니다. 스스로 낙심에 빠져있다고 느낄 때는 피하지 말고 당당히 극복해야 합니다. 감정에 이끌리지 말고 낙심을 극복하기 위한 일들을 하다보면 자연스레 낙심의 감정은 사라지고 더 큰 그림을 그릴 수 있는 원동력이 생기게 됩니다. 낙심은 피할 수는 없지만 누구나 충분히 극복할 수 있는 감정이라는 것을 기억하십시오.

"소년이라도 피곤하며 곤비하며 장정이라도 넘어지며 쓰러지되 오직 여호와를 앙망하는 자는 새 힘을 얻으리니 독수리가 날개치며 올라감 같을 것이요 달음박질하여도 곤비하지 아니하겠고 걸어가도 피곤하지 아니하리로다"(이사야 40:30-31)

4. 하나님의 도우심이 있음을 기억하라

하나님은 우리의 모든 것을 알고 계시고, 가장 필요한 때에 필요한 것을 주시는 분입니다. 지친 엘리야가 로뎀나무에서 쉼을 얻고 회복되었던 것처럼, 느헤미야가 기도로 응답받고 낙심에 빠진 이스라엘 백성들을 이끌고 예루살렘을 재건했던 것처럼 가장 힘든 순간에도 하나님을 의지한다면 하나님께서 곧 평안의 쉼을 허락하시고 영육을 건강하게 회복시켜주실 것입니다.

"우리가 선을 행하되 낙심하지 말지니 포기하지 아니하면 때가 이르매 거두리라"(갈라디아서 6:9)

낙심을 이겨내는 것은 참 힘든 일입니다. 그러나 하나님을 의지함으로 낙심을 극복하는 법을 배우게 되면 인생의 어려운 순간들을 넘어설 수 있는 마음의 힘이 길러지고, 또 내 삶에 행하시고 채워주시는 주님을 체험하게 됩니다.

우리 첫째가 미국에서 대학 때 한 학생을 가르치게 됐는데, 그 학생의 부모가 우리 아이와 같이 살며 1주일간 삶을 보고 결정을 하겠다고 했습니다. 실력 뿐 아니라 인성, 신앙까지 가르칠 선생님을 찾는다며 그런 조건을 걸더니 1주일이 지난 뒤에 이런 성품의 선생님한테는 아이를 온전히 맡길 수 있으니 제발 부탁한다며 찾아왔습니다.

그런데 아이를 가르치며 보살피는 모습이 그

부모에게 얼마나 감동이 됐는지 그분들이 약 1년간 레슨을 하는 동안 미국에서 차도 사주고, 옷, 가방… 등을 최고 수준으로 맞춰 주셨습니다. 그 학생은 고3때 만나 1년간 레슨하며 가르쳐서 맨하탄 음대를 입학해 지금은 다니고 있고 우리 애도 그 덕분에 부모가 못 채워준 많은 부족한 부분들을 충족할 수 있었습니다. 심지어는 우리 애뿐 아니라 제 옷과 소품들도 선물해 주셨습니다.

욕심을 비우고 낙심가운데 최선을 다하면 내가 안 해도 하나님이 알아서 채워주십니다. 그게 하나님의 원리이며 낙심 가운데서도 희망을 잃지 않을 수 있는 방법입니다.

"우리가 선을 행하되 낙심하지 말지니 포기하지 아니하면 때가 이르매 거두리라"(갈라디아서 6:9)

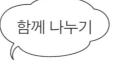

함께 나누기

　낙심에 대한 잘못된 대처는 자칫 우리를 수렁에 빠뜨릴 수 도 있습니다. 낙심에 빠지면 두려움이 지배합니다. 이런 두려움을 가지고는 자녀를 올바로 양육할 수 없고, 낙심에 빠진 자녀를 일으켜 세워줄 수도 없습니다. 물론 양육에 있어서 엄마로서의 한계를 느끼는 순간들이 너무도 많습니다. 자녀의 입장에서도 마찬가지일 것입니다. 그런 상황일지라도 낙심에 빠져서 안 되는 것은 낙심을 극복하는 것은 앞으로도 수 없이 찾아올 인생의 장애물들을 멋지게 넘어서고 정상에 오르는 일이기 때문입니다. 지금까지 어떻게 낙심을 극복해왔는지, 앞으로는 어떻게 극복하고, 또 자녀에게 도움을 줄 것인지 생각을 정리해 나누십시오.

　다음의 질문을 놓고 함께 나눠 보십시오.
❶ 인생에서 가장 크게 낙심했던 적은 언제입니까?
❷ 자녀의 낙심을 지켜봤을 때 어떤 느낌이었습니까?
❸ 내가 낙심을 대하는 태도는 어떻습니까?
❹ 자녀의 낙심을 대하는 태도는 어떻습니까?
❺ 낙심을 극복하는 효과적인 방법은 무엇입니까?

똑같은 고민과 아픔을 가진 엄마가
똑같은 고민과 아픔을 가진 엄마에게...

둘째 아들인 희찬이가 미국 예일대학원을 졸업 후, 군에 입대하기 위해 한국에 와서 가장 먼저 한 일은 자신의 중학교 성적표를 떼어 보는 것이었습니다. 그리고 그 성적표를 뗀 이유를 이렇게 설명 하더군요.

"나의 변화가 얼마나 큰지를 보고 싶었어요... 미, 양, 심지어는 가까지 있는데... 수는 거의 없고 간간히 우가 보이지만 그것은 체육 정도네요."

둘째의 성적표는 각 과목별로 400명 정원에 거의 300등에 가깝습니다. 그런데 공통점이 하나있습니다.

장래 희망입니다. '목사, 목사, 목사...' 모든 학년의 선생님들은 "이 아이는 장래 희망에 대해 좀더 신중하게 생각할 필요가 있음"이라고 생활 기록표에 적어놓았습니다. 선생님들이 볼 때는 이 아이는 목사가 될 자격이 없다고 여긴 듯합니다.

그도 그럴 것이 공부는 아예 안하고 운동하기 좋아하고 놀기 좋아하는 아이였으니 말입니다.

그런데 둘째의 이야기가 걸작입니다.

"오늘의 성공을 이룬 사람들에게 과거는 단지 아름다운 추억

일 뿐입니다. 나의 과거가 화려했다면 오늘의 기쁨도 적었겠지요. 아이들의 현재가 부족하고 부모의 기준에 맞지 않는다 해서 실망할 것은 없습니다. 바른 신앙인격으로만 기를 수 있다면 반드시 기적을 만들 것이고 그럼 오늘의 부족함은 훗날 신나는 추억이 될 거예요."

삶을 이야기를 하다보니 본문에 둘째 희찬이가 부득이 자주 등장하게 되는데.... 묵묵히 주님의 길을 가고 있는 첫째 성찬이는 언제나 같은 방향을 가며 첼로를 전공하는 음악인으로서 첫번째 음반으로 하나님을 찬송하는 찬송가를 드렸습니다. 그리고 모든 판매 수익금을 자발적으로 하나님의 성전 건축헌금으로 드려 마음에 감동이 밀려 왔습니다.

성찬이는 자신과의 싸움을 묵묵히 감당한 아이입니다.
미숙아라는 핸디캡을 신앙과 기도로 그리고 피나는 훈련과 연습으로 이긴 아들이지요. 그러면서도 언제나 신나있는 아들입니다. 엄청난 경쟁의 자리를 넘어 지금은 음악 박사과정의 마지막 단계를 하면서도 연주활동과 교회봉사 그리고 콩쿨까지를 즐기고 있으니 말입니다.
자신의 외모를 가꿀 시간이 없어 둘째가 졸업식에 온 형을 보고 모든 옷과 신발까지 벗겨 버리고 형을 위한 코디의 시간을 가졌다는 말을 들으며 한편으로는 우습기도 하고 한편으로는 안쓰럽기도 한 시간 이었습니다.

두 아들의 성격이 너무도 다르고 삶의 방식이 다르지만 하나님의 방법은 어떤 상황이나 환경도 통한다는 것을 제가 확신하는 이유는 둘의 열매 때문입니다.

자녀를 양육하는 방법을 배우려는 조급증의 부모들에게 이 책은 아무것도 줄 수 없습니다. 그러나 부모로서 나는 무엇을 해야 하는 가를 고민하는 부모들에게 이 책이 이정표가 되기를 바랍니다.

세상은 많이 뒤틀어져 있습니다.

그래서 정상적으로 보려면 나도 뒤틀려 보아야 하는 시점이 되었습니다. 그러나 에돔 족속의 멸망 이야기를 담은 성경 오바댜서를 보면 뒤틀린 심사로 사는 백성을 하나님이 얼마나 싫어하시는지를, 그리고 그 미래가 망가지는 것을 알 수 있습니다. 철저하게 망하게 하시는 하나님의 심판 이야기는, 우리의 자녀들이 미래를 위해 아름다운 신앙 인격으로 오늘을 사는 것이 얼마나 중요한 것인지를 보여줍니다.

바울의 옥중 서신 골로새서는 건강한 성도의 생활에 대해 구체적인 매뉴얼을 제시하고 있습니다. 또한 자신을 믿음 안에서 구체적으로 지켜야 할 이유를 설명합니다. 그 이유는 하나님의 사람들은 옛 사람에서 새 사람으로 곧 하나님의 나라로 이사온 존재이기 때문입니다.

우리의 자녀들을 새로운 땅으로 이사 오게 해야 합니다. 그것은 그리스도 안에서의 삶을 의미합니다.

둘째는 이스트만 음대에서 바이올린을 전공하고 미국 예일신학대학원에서 신학을 마쳤습니다. 둘째의 모든 관심과 대화는 음악이야기가 하나도 없습니다. 대신 성경 이야기와 미국 뉴 헤이븐시에서 만난 청년 사역 이야기로 가득합니다. 그 어려운 그리고 그 멋진 바이얼린을 자신의 삶에 우선 순위로 두지 않기 때문입니다. 성경을 붙들고 씨름하고 그 성경의 이야기에서 정답을 찾으려고 애씁니다.

그리고 자신의 미래와 사역을 구상하며 목사인 아빠와 하루가 멀다하고 2-3시간씩 토론을 합니다. 그 모습을 보고 있는 나는 마냥 즐겁기만 한데, 그 이유는 아빠도 쩔쩔 매게 하는 성경 지식으로 말하기 때문입니다. 군종사병으로 군에 가야할 시점이지만 여전히 성경이야기로 가득한 둘째는 완전한 이사를 한 것 같습니다 음악에서 신학으로...

이 책은 그런 의미에서 가장 가까운 자리나 환경에서 일어나는 일들로 주제를 삼았습니다.

부딪히고 갈등하고 고민하고 아파하는 대표적인 주제들을 끌어 안았습니다. 그러나 정답은 아닙니다. 단지 가이드일 뿐입니다.

똑같은 고민과 아픔을 가진 엄마가 똑같은 고민에 빠진 엄마들에게 이야기 하듯 속삭임이 있는 글입니다.

우리의 자녀들이 분명한 기준을 가지고 살 수 있도록 먼저 부모들이 이정표가 되어 주기를 바라는 마음이 더 강해서 이 책을 쓰고 싶었습니다.

이 땅의 모든 가정이 믿음의 명문가정이 되기까지 도전과 노력은 끊임없이 계속 되어야 합니다.

세계 곳곳 해피맘을 기대하며 …

정삼숙

*이 책의 주제와 내용은 매주 화요일 목포극동방송 "사랑의 뜰안" 프로에서 방송하고 있는 내용을 보완 정리한 것으로, 이 방송 시간을 영감있게 잘 진행해준 윤재희 피디(방송부장)와 이 책을 잘 기획해준 나침반출판사 김용호 대표님, 주제마다 좋은 생각을 준 남편 장학봉 목사님과 성찬이, 희찬이, 그리고 이 사역을 위해 함께 수고하고 기도해 주는 해피맘 팀과 성안교회 성도님들…함께 기쁨을 나눕니다.

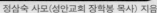

맞춤형
무릎기도문
시/리/즈
30일 작정 기도서

**십대의
무릎 기도문**

**십대 자녀를 위한
무릎기도문**

**자녀를 위한
무릎기도문**

**가족을 위한
무릎기도문**

**자녀축복
안수기도문**

**재난재해안전
무릎기도문-자녀용**

**아가를 위한
무릎기도문**

**태아를 위한
무릎기도문**

**남편을 위한
무릎기도문**

**아내를 위한
무릎기도문**

**태신자를 위한
무릎기도문**

**새신자를 위한
무릎기도문**

**교회학교 교사
무릎기도문**

**재난재해안전
무릎기도문-부모용**

망망한 바다 한가운데서 배 한 척이 침몰하게 되었습니다.
모두들 구명보트에 옮겨 탔지만 한 사람이 보이지 않았습니다.
절박한 표정으로 안절부절 못하던 성난 무리 앞에 급히 달려 나온 그 선원이
꼭 쥐고 있던 손바닥을 펴 보이며 말했습니다.
"모두들 나침반을 잊고 나왔기에 … "
분명, 나침반이 없었다면 그들은 끝없이 바다 위를 표류할 수 밖에 없을 것입니다.

우리는 삶의 바다를 항해하는 모든 이들을 위하여
그 나침반의 역할을 하고 싶습니다.
우리를 구원하신 위대한 주 예수 그리스도를 널리 전하고 싶습니다.

"하나님은 모든 사람이 구원을 받으며
 진리를 아는 데에 이르기를 원하시느니라"
(디모데전서 2장 4절)

엄마, 아빠
저좀 잘 키워주세요

지은이 | 정삼숙
발행인 | 김용호
편 집 | 이성은
발행처 | 나침반출판사

3판 발행 | 2017년 10월 20일

등 록 | 1980년 3월 18일 / 제 2-32호
주 소 | 157-861 서울 강서구 염창동 240-21
         블루나인 비즈니스센터 B동 1607호
전 화 | 본 사(02)2279-6321
         영업부(031)932-3205
팩 스 | 본 사(02)2275-6003
         영업부(031)932-3207

홈페이지 | www.nabook.net
이 메 일 | nabook@korea.com
         nabook@nabook.net

ISBN 978-89-318-1500-9
책번호 바-1043

값은 뒷표지에 있습니다.